银发经济新浪潮

张伊娜　周　昱　主编
张　思　姜　文　副主编

上海实践与国际经验

中国发展出版社
CHINA DEVELOPMENT PRESS

图书在版编目（CIP）数据

银发经济新浪潮 ：上海实践与国际经验 / 张伊娜，周昱主编 ；张思，姜文副主编. -- 北京 ：中国发展出版社，2025. 8. -- ISBN 978-7-5177-1497-2

Ⅰ. F127. 51

中国国家版本馆 CIP 数据核字第 2025JG9230 号

书　　名：银发经济新浪潮：上海实践与国际经验
主　　编：张伊娜　周　昱
副 主 编：张　思　姜　文
责任编辑：王海燕
出版发行：中国发展出版社
联系地址：北京经济技术开发区荣华中路 22 号亦城财富中心 1 号楼 8 层（100176）
标准书号：ISBN 978-7-5177-1497-2
经 销 者：各地新华书店
印 刷 者：北京盛通印刷股份有限公司
开　　本：710mm × 1000mm　1/16
印　　张：9.5
字　　数：150 千字
版　　次：2025 年 8 月第 1 版
印　　次：2025 年 8 月第 1 次印刷
定　　价：68.00 元

联系电话：(010) 68990635　68990625
购书热线：(010) 68990682　68990686
网络订购：http://zgfzcbs.tmall.com
网购电话：(010) 88333349　68990639
本社网址：http://www.develpress.com
电子邮件：187182397@qq.com

前　言

蓬勃发展的银发消费市场已成为银发经济崛起的核心动能，培育健康可持续的银发经济体系，对纾解社会压力、激发经济活力具有战略意义。人口老龄化既是全球性挑战，亦是社会转型的机遇。作为兼具非生产性群体与消费主体双重属性的老年人口，其规模扩张既推升社会抚养系数、加剧公共资源配置压力，又在经济需求侧结构性变革中重构消费市场格局——医疗保健、养老服务、休闲娱乐等多元化需求持续释放，正深度重塑国民经济总需求体系。这种双重效应使得人口老龄化既考验社会保障韧性，又催生出以银发消费为牵引的新经济范式。在此进程中，借鉴国内外银发消费实践的经验，利用先进经验助力银发经济发展，是把握银发机遇、应对人口老龄化挑战的重要举措。

上海作为我国最早进入老龄化社会的城市，也是我国人口老龄化程度最高的特大型城市，其庞大的老年群体带来了多种多样的产品和服务需求，相关企业聚焦老年人的消费需求和场景，形成了行之有效的银发消费实践，并取得了积极的经济、社会效益，推动了银发经济的高质量发展。

综观全球，部分发达国家（地区）也已形成较为成熟的银发消费实践体系。日本通过整合信息技术、金融、旅游、护理等产业，构建综合性银发经济生态；美国则形成涵盖产品制造、服务供给与贸易流通的独特经济形态。这些国际经验为银发经济发展提供了多维参照。

本书系统整合国内外银发消费创新实践，通过上海实践展现本土化探索经验，国际经验部分提炼跨国经验精髓，力求从银发生活的方方面面提炼有益的实践经验，更创新性引入百联－复旦银发消费指数，以期对银发经济相关领域落实《国务院办公厅关于发展银发经济增进老年人福祉的意见》并探索新的发展方向发挥启示作用。

张伊娜

2025年7月

目　录

第三章 银发消费国际经验

第四章 银发消费现状评估与方向导引

第一章

银发经济发展与银发消费实践

一、银发经济市场挑战与机遇

（一）银发经济三大挑战

21世纪以来，人口老龄化已成为全球主要国家普遍面临的不可逆趋势。改革开放以来，伴随着我国经济持续高速发展，人口年龄结构也发生了显著的老龄化转变。《2023年度国家老龄事业发展公报》显示，截至2023年末，我国65岁及以上老年人口数量达2.16亿人，占总人口比重为15.4%，超过国际通用的中度老龄化社会界定标准（65岁及以上人口占总人口比重达14%），标志着我国将逐步迈向重度老龄化社会。值得注意的是，与其他国家相比，我国的人口老龄化进程还呈现出独具三大特点的挑战。

第一，老年人口规模创历史之最。根据国家统计局数据，2024年我国60岁及以上老年人口数量首次突破3亿大关，达到3.1亿人，其中65岁及以上老年人口约为2.2亿人，约占世界老年人口的1/4。我国当前已是全球老年人口最多的国家，民政部的预测数据进一步显示，未来10年我国老年人口将以每年净增1000万以上的速度持续增长。按照这一发展趋势，到2035年前后，我国60岁及以上老年人口将突破4亿，在总人口中的占比预计超过30%。届时，我国老年人口规模将超过美国、日本等主要经济体的单一国家总人口数。纵观人类社会发展历程，如此庞大的老年群体规模实属前所未有，其对社会经济发展带来的影响也将是史无前例的。

第二，人口老龄化速度超越全球均值。根据联合国对老龄化社会的划分标准，我国在 1999 年正式步入老龄化社会（65 岁及以上老年人口占比超过 7%），随后仅用 22 年就在 2021 年快速跨入中度老龄化社会（65 岁及以上老年人口占比突破 14%）。国际比较研究显示，65 岁及以上老年人口比重从 7% 提升至 14% 这一关键转变，发达国家普遍经历了较长时间：法国经历超过 100 年，瑞典经历约 85 年，美国经历约 65 年，英国经历约 45 年。相比之下，我国完成这一人口结构转变仅用了 20 余年，其速度之快远超发达国家半个世纪乃至更久的历史进程。更值得关注的是，按照当前发展趋势预测，我国将在 2030 年前后迈入重度老龄化社会（65 岁及以上老年人口占比超过 20%）。此后人口老龄化程度将持续快速攀升，预计到 2060 年将达到约 37.4% 的高位水平。

第三，未富先老矛盾突出。我国人口老龄化进程呈现出明显的未富先老特征。2022 年的数据显示，全球人口老龄化率（65 岁及以上老年人口占比）平均为 9.8%，其中高收入和中高收入经济体人口老龄化率分别为 19.2% 和 12.2%。而我国人口老龄化程度不仅超过中高收入经济体人口老龄化平均水平，更直逼高收入经济体，但同期我国人均 GDP 仅为高收入国家平均水平的 1/3。与此同时，支撑我国经济快速发展的人口红利正在加速消退。我国总人口已于 2022 年出现负增长，劳动年龄人口更是在 2011 年达到 9.4 亿人的峰值后就开始持续下滑，至 2024 年已降至约 8.5 亿人，短短十余年间，我国劳动年龄人口规模缩减超过 9000 万。劳动力供给减少与老年人口快速增加的双重压力，直接导致我国老年人口抚养比持续攀升，2023 年全国 65 岁及以上老年人口抚养比为22.5%，社会抚养负担日益加重，致使我国在应对人口老龄化挑战时面临更为复杂的局面。

（二）银发经济三大机遇

我国人口老龄化在带来挑战的同时，也孕育着独特的发展机遇。《2024年中国银发经济发展报告》显示，当前我国银发经济规模已达7万亿元左右，约占GDP总量的6%。根据预测，到2035年这一市场规模将实现跨越式增长，有望突破30万亿元大关，届时占GDP比重将提升至10%。庞大的市场潜力主要源于3个关键因素。

第一，市场规模优势显著。我国银发消费的规模扩张主要得益于持续增长的老年人口基数，预计到2035年前后老年人口将突破4亿大关。其中，60～65岁老年人口在2024年已达9000万规模，此群体普遍具备较好的财富积累和社会保障基础，展现出强劲的消费能力。在需求拉动下，健康养老、医疗护理、休闲旅游、适老化改造等银发产业链正蓬勃发展。同时，政府持续加大对银发产品和服务的财政投入与政策支持，将进一步助推市场规模快速扩张。

第二，消费需求多元分化。我国老年群体呈现出显著的异质性特征，这种差异主要体现在3个方面：一是文化教育背景和经济收入水平的分化；二是家庭资产状况和地域分布的差异；三是生活方式和消费观念的多样性。特别是随着"60后"群体陆续进入老年阶段，这个兼具经济实力和新潮消费观念的群体正在重塑银发经济的市场格局，为产业发展注入新的活力。

第三，行业发展潜力巨大。当前我国银发经济仍处于起步阶段，展现出规模持续扩大、需求稳步提升、政策支持强化、技术创新加速等良好发展态势。但同时也面临着供给与需求不匹配的结构性矛盾，涉老产品和服务供给明显滞后于快速增长的养老需求。未来需要通过完善制度体系、创新支持政策、培育产业集群、深化实践探索等系统性举措，将银发经济打造成为培育新质生产力、推动经济高质量发展的重要引擎。

二、银发经济的政策脉络演进

我国人口老龄化呈现出“规模创历史之最、进程超常规加速、未富先老矛盾突出”三大特征，同时也孕育着“市场规模优势显著、消费需求多元分化、行业发展潜力巨大”三大发展机遇。为系统应对这一人口结构转型，近5年来中央层面接续出台了3份重要文件：2019年，《国家积极应对人口老龄化中长期规划》首次将积极应对人口老龄化上升为国家战略；2021年，《“十四五”国家老龄事业发展和养老服务体系规划》进一步细化实施路径；2024年，《国务院办公厅关于发展银发经济增进老年人福祉的意见》则聚焦银发经济发展。这一系列从顶层设计到具体实施的政策，充分彰显了银发经济发展已被纳入国家战略体系，成为应对人口老龄化挑战的关键举措。

（一）《国家积极应对人口老龄化中长期规划》

为系统应对人口老龄化趋势，中共中央、国务院于2019年印发的《国家积极应对人口老龄化中长期规划》，明确至2050年的阶段目标，提出构建与社会主义现代化强国相适应的人口老龄化应对体系。该中长期规划强调，人口老龄化是我国长期基本国情，既是社会文明进步的体现，也对经济社会发展产生全方位影响，需以主动姿态把握挑战与机遇。

中长期规划确立“以人民为中心、高质量发展、制度创新”的核心原则，提出三个阶段战略目标：2022年初步建立制度框架，2035年形成科学有效制度安排，2050年全面建成成熟完备的制度体系，实现老龄化社会与现代化强国的协同发展。围绕五大核心任务，制定系统性举措：一是夯实社会财富储备，通过优化收入分配制度、健全社会保障、扩大养老资产规模，确保经济增速与人口老龄化进程相匹配；二是提升劳动力供给质量，加强全生命周期人力资本投资，构建终身学习体系，推动老龄人力资源再开发；三是完善为老服务体系，建设覆盖健康教育、疾病诊疗、康复护理的整合型老年健康服务体系，发展“居家—社区—机构—医养”多层次养老模式，扩大适老化产品供给；四是强化科技支撑能力，推动人工智能、物联网等技术在养老领域的深度应用，加强老年辅助技术研发，提升服务智能化水平；五是营造敬老社会环境，健全老年人权益法治保障，构建家庭支持网络，培育代际和谐文化。

中长期规划凸显积极人口老龄化理念，将应对人口老龄化上升为国家战略，旨在通过制度创新、科技赋能、代际共融，实现“老有所养”向“老有善养”的跨越，为中华民族伟大复兴奠定社会基础。

（二）《“十四五”国家老龄事业发展和养老服务体系规划》

2021年银发经济作为重要的政策内容纳入“十四五”规划，反映了我国对老龄化社会的积极应对态度，体现了当前经济发展模式所发生的重大转变。其中，老年用品产业升级、科技赋能及金融创新三大方向成为引领银发经济发展的重要抓手。

第一，老年用品产业体系化发展。该规划明确加强适老化产品研发制造，围绕衣、食、住、行等生活场景，重点开发智能家电、无障碍设施、康复辅具及护理机器人等产品，提升成人纸尿裤、防滑装置等基础用品的适老化性能。同步推动产业集群建设，在京津冀、长三角等区域布局 10 个高水平银发经济产业园，培育具有国际竞争力的龙头企业和品牌。通过建立老年用品目录、完善标准体系、发展社区租赁网点等措施，促进优质产品应用推广，打造一批银发经济标杆城市，支持举办老年用品博览会，强化产业链协同创新。

第二，科技驱动产品智能化升级。强化信息技术与老年用品的深度融合，重点突破智能交互、多机协作等关键技术，提升康复辅具、健康监测设备、家庭服务机器人等产品的智能化和安全性。推进人工智能、脑科学等技术在康复训练器具中的应用，发展外骨骼康复、认知障碍干预等高端设备。实施智慧健康养老应用试点，建设产业孵化平台，编制产品推广目录，推动服务标准化。依托国家重点研发计划，开展高龄照护、失能辅助等领域技术攻关，开发脑机交互康复机器人系列产品，加速健康监测芯片等核心部件研发。

第三，普惠金融助力养老保障。有序发展老年人专属金融服务，推动第三支柱养老保险创新，支持开发商业养老险、健康险及住房反向抵押保险产品。探索寿险赔付与护理支付责任转换机制，鼓励金融机构设计适合老年人的储蓄、理财及信托产品，严禁误导性风险投资。同步加强涉老金融风险管理，完善配套政策，保障老年人资产安全。

通过产业、科技、金融三维联动，该规划旨在形成“研发—制造—服务—保障”全链条银发经济生态，为老龄化社会提供系统性解决方案。

(三)《国务院办公厅关于发展银发经济增进老年人福祉的意见》

2024年发布的《国务院办公厅关于发展银发经济增进老年人福祉的意见》系统部署了应对人口老龄化、培育经济新动能的战略举措。银发经济涵盖为老年人提供产品服务及老龄阶段准备的多元经济活动，涉及民生保障、产业升级、科技创新等多领域，旨在通过规模化、标准化、集群化、品牌化发展路径，推动老年人共享发展成果，安享幸福晚年。该意见提出了4个方面26项举措。

第一，发展民生事业，解决急难愁盼问题是首要方向，聚焦老年人生活痛点。政策包括扩大老年助餐服务，引导外卖平台、物流企业参与配送，完善运营补助和消费券机制；拓展居家助老服务，支持助浴车入户、设置社区助浴点及提供代购代办服务；发展社区便民服务，建设一刻钟便民生活圈，增设老年专区和智能快递柜；优化老年健康服务，加强老年医学科建设，推动家庭病床和中医药应用；完善养老照护服务，差异化补助养老床位，建立居家、社区、机构转介机制；丰富老年文体服务，建设国家老年大学，简化电视操作界面；提升农村养老服务水平，探索互助式养老与乡村旅居产业融合。

第二，扩大产品供给，提升质量水平，着力强化产业基础。举措包括培育银发经济经营主体，发挥国企引领作用，破除民企准入壁垒；推进产业集群发展，布局京津冀、长三角等十大产业园区；提升行业组织效能，支持产学研联合深化行业自律；推动品牌化发展，依托中国国际进口博览会等平台展示创新产品；开展高标准领航行动，推进养老服务等领域标准化试点；拓宽消费供给渠道，打造银发消费专区及主题购物节，形成线上线下融合的消费场景。

第三，聚焦多样化需求，培育潜力产业，瞄准新兴领域创新突破。重点包括强化老年用品创新，开发适老化服饰、保健食品及无障碍车型；打造智慧健康养老新业态，集成智能护理机器人、防走失终端等设备；大力发展康复辅助器具产业，升级智能轮椅、认知障碍干预设备；发展抗衰老产业，深化基因检测与老年病筛查技术；丰富发展养老金融产品，推动保险责任转换试点；拓展旅游服务业态，开发家庭同游产品及旅居养老平台；推进适老化改造纳入城市体检指标体系，保留高频服务事项线下办理渠道。

第四，强化要素保障，优化发展环境，为银发经济提供全方位支撑。政策涵盖加强科技创新应用，支持康复辅具等重点领域科研攻关；完善用地用房保障，明确新建小区养老设施配建标准；强化财政金融支持，优化专项债券及普惠再贷款投向；推进人才队伍建设，增设养老专业并共建实训基地；健全数据要素支撑，规范数据共享与个人信息保护；打击涉老诈骗行为，严惩侵害老年人权益的犯罪活动，筑牢安全防线。

通过以上 4 个方面 26 项举措协同推进，我国将积极发展银发经济，回应老年群体多层次需求，有效应对人口老龄化引发的社会挑战，既是关系国家长远发展的战略要务，也是增进全民福祉的关键举措。

三、银发经济与银发消费的内涵及其关联

随着全球人口老龄化进程加快，老年群体的经济价值日益凸显，由此催生了银发经济和银发消费两大核心概念。银发经济涵盖老年产业的全链条发展，而银发消费则聚焦老年群体的实际购买行为，二者相互依

存、相互促进，共同构成老龄化社会的重要经济支柱。

从概念界定来看，银发经济是以满足老年人需求为核心的经济形态，涵盖为老年人提供产品、服务及相关产业的全链条经济活动，在此定义下的银发经济贯穿生产、分配、流通和消费所有领域，而不仅仅是关注消费。银发消费则特指老年群体的具体消费行为，是银发经济的需求端表现，聚焦于老年人对商品和服务的实际购买行为。

银发经济与银发消费之间构成了互为驱动的关联关系。一方面，银发消费是银发经济的核心驱动力。老年群体的消费需求直接决定了银发经济的发展方向，例如，老年人的健康需求催生了康复医疗、保健食品等产业，社交需求推动了老年教育、文娱社交平台的发展等；另一方面，银发经济为消费供给提供支撑，银发经济带动的产业链发展创造了更多适配的产品与服务，并持续拓展新的消费场景，进一步刺激消费升级，例如，远程医疗服务的创新进一步带动老年人新的消费需求，适老化智能手机则有效激发了老年人的线上消费需求。正是在需求牵引供给、供给创造需求的动态互动下，银发经济与银发消费形成相互促进、齐头并进的良好发展势头。在此背景下，洞悉银发消费新趋势、关注银发消费新场景对于实现银发经济发展具有日益重要的积极作用。

下文将基于银发消费的上海实践和国际经验，通过对国内外典型案例的梳理与分析，提炼总结出银发消费领域的宝贵经验，为促进银发经济的高质量发展提供重要的现实参考。

第二章

银发消费上海实践

案例一 携手街道打造银发人群一刻钟便民生活圈*

银发服务进社区是应对深度老龄化社会的重要实践创新。随着老年人口规模的持续扩大，传统家庭养老模式与机构养老供给之间的结构性矛盾日益凸显。社区嵌入式养老服务体系的构建，不仅实现了养老资源的精准下沉与服务场景的时空延伸，更在微观层面重构了老年人的社会支持网络。这种服务模式通过医疗健康、“安（全）居（住）”保障、智能助老等多元化服务模块的有机整合，弥合数字鸿沟，将为老服务深入老年人的生活点滴。社区银发服务推动了政府、市场、社会组织的资源协同，催生出“原居安老”的新型养老生态，既减轻了家庭照护压力，又避免了机构养老的情感疏离。

（一）案例背景

1. 社区嵌入式养老服务发展背景

上海市高度重视社区嵌入式养老服务的发展，制定了一系列政策和措施，以满足老年人多样化的养老服务需求。《上海市养老服务条例》

---

* 作者为上海市世外中学胡沐安和复旦大学哲学学院徐以谦。

等相关法规，确立了养老服务的法律地位和政策框架。该条例明确了养老服务的基本原则、服务内容、设施规划与建设、服务供给、服务协调发展、医养康养结合、扶持与保障、监督管理等方面的规定，为养老服务提供了全面的法律保障。

在设施规划与建设方面，上海市积极推动全覆盖、成体系、均衡化的养老服务设施建设，合理规划养老服务设施空间布局，充分利用存量资源，将其改建为养老服务设施，并重点建设枢纽型养老综合体和家门口服务站点，完善社区养老服务设施骨干网，打造社区"养老服务联合体"。

在服务供给方面，居家为基础，社区为依托，机构充分发展，居家社区机构相协调、医养康养相结合的养老服务体系初步建成。上海市在中心城区和城镇化地区大力发展社区嵌入式养老服务，推广居家、社区、机构融合发展的综合照护服务模式。

在监督管理方面，养老服务综合监管制度逐步健全，各相关职能部门的职责分工得到了明确，养老服务机构的综合监督管理显著加强。同时，上海建立起养老服务机构信用档案，记录其设立与备案、日常监督检查、违法行为查处、等级评定结果等信息，并依法向市公共信用信息服务平台归集。此外，养老服务领域的信息化建设正在积极推进中，通过智慧养老服务平台整合部门职能、优化业务流程，服务效率和质量不断得到提升。上海市在养老服务方面综合运用以上措施和手段，通过极具前瞻性的体系建设，旨在为老年人提供更加便捷、舒适和丰富的生活服务，确保他们能够在社区内得到应有的关照和支持。

2. 一刻钟便民生活圈的线下商业模式探索

百联集团作为深耕上海的国有商业产业集团，依托自身主业优势与资源禀赋，深度对接生活圈需求，从“家门口的好去处”定位延展到多业态融合的未来社区商业模式，以便民与惠民为切入点，融合业态内外部资源，整合线上线下的空间、商品、内容、服务，涵盖居民日常生活的系列场景，以全渠道、全业态、全时段、全品类的整合商业形态，为上海市民带来美好社区生活新体验。

2022年以来，百联集团根据人口密度数据构建大数据模型，将上海划分为837个生活圈，以“家门口的好去处”为定位，打造百联集团一刻钟便民生活圈的品牌形象。百联集团积极推动“两种模式、一个平台”下的网点布局优化，即以百联社区购物中心、邻里生活中心为圆心，整合体内商户资源及周边资源的“纵向模式”和以i百联为平台、串联内外部资源的“横向模式”为基础，建设社区商业与生活服务统一平台，针对性地加强超市、便利店及药店等零售业态布局，提升便民生活圈覆盖率。

3. 一刻钟便民生活圈的线上商业模式探索

随着线上消费市场的迅速发展，百联集团于2015年调整了电子商务战略，成立了百联全渠道电子商务有限公司，专门负责BL.com网站、移动App及i百联等线上平台的运营。百联全渠道电子商务有限公司依托百联集团的线下实体店，提供线上线下互动的O2O服务，成为百联集团实施“+互联网”战略的重要组织支撑。

在服务社区老年群体的过程中，百联全渠道电子商务有限公司经历了从单一零售到多业态融合，再到全渠道整合的转型升级。通过持续的技术创新与模式优化，平台成功构建了百联到家、i百联、全球购等场景的数字化服务体系，并围绕商品、用户体验及供应链，将门店、社区及商圈与会员体系深度连接，助力百联集团打造国内首个全渠道、全业态、全客群、全品类及全时段的商业生态圈。

作为扎根上海、服务长三角的国有龙头企业，百联全渠道电子商务有限公司积极响应老龄化社会需求，将银发经济纳入战略布局，通过数字化手段提升老年群体的生活品质。随着老年消费结构从生存型向文化休闲型转变，百联全渠道电子商务有限公司精准洞察老年用户需求，推出多项适老化创新服务，如设置大字版用户界面、AI助手语义识别等。随着50岁及以上“新老年”群体消费观念的升级，百联全渠道电子商务有限公司将持续优化“商品 + 服务 + 体验”的社区为老模式，推动老年消费从实用性向品质化迈进，让数字化红利真正惠及银发人群，助力构建更温暖、更便利的老年友好型社区。

（二）实践目标及规划

百联集团围绕一刻钟便民生活圈建设，持续通过提高服务效率、丰富商业生态等举措，挖掘居民多元需求，通过线上线下联动、多业态协同、政企合作等方式，打造覆盖“商业体—社区—居家”的全方位为老服务体系。一刻钟便民生活圈的建设能够显著提升社区养老服务便利性，通过“百联直通车”等线下服务进社区，缩短老年群体获取健康、零售、金融等服务的距离，实现“家门口”便捷消费，并依托百联到家小程序、i百联平台和962512服务热线，优化线上服务入口，降低老年人线上使用门槛，实现足不出户享受生活服务。

同时，百联集团也构建起适老化的消费新生态，充分结合老年群体需求，推动旗下零售、医疗、家装等业态升级，特色活动的开展也能够增强老年客户黏性，培育可持续的银发经济市场；此外，多方协同机制的建立赋能企业的服务能力进一步提升，并促成常态化合作机制的形成，实现社会效益与经济效益双赢。

随着银发人群人口数量的增加和消费能力的提升，一刻钟便民生活圈作为社区服务的重要组成部分，将为银发经济的发展提供更广阔的空间。百联集团通过深耕社区，整合各业态街道相关资源，联动多业态进社区，与一刻钟便民生活圈共同推进，打造有温度的便民服务；持续丰富服务品类，从数字化转型、平台升维、空间改造等方面发力，助力“家门口”的美好生活升级。

（三）主要做法及成效

1. 联合甘泉路街道加强一刻钟便民生活圈为老服务

甘泉路街道是人口老龄化程度较高的区域，其地处普陀区东北部，面积2.36平方公里，截至2023年6月，区域内60岁及以上老年人口占比达51.79%，是全市最早跨入50%人口老龄化率门槛的街道之一。甘泉路街道在社区服务方面不断探索和创新，积极构建一刻钟便民生活圈，通过线上线下同向发力、相互联动，整合各类资源，提供全方位的养老服务。街道打造了“4+20+X”社区为老服务网，包括四大综合为老服务枢纽站、20个居民区设立的社区养老顾问点，以及多个“小、微、特”嵌入式养老睦邻点。甘泉路街道围绕“幸福甘泉”核心主题，打造满足老年人群需求的活动康体颐养圈、全龄友好商业圈、品质人文生活圈、智慧数字服务圈，致力于打造老城区现代化的样板间。

2024年4月，百联集团联动旗下主力业态组建甘泉路街道项目组，由集团领导带队多次赴街道实地调研对接，量身定制了“甘泉美好生活，百联用心服务”的银发人群服务关爱计划。在项目组的多次调研中，街道办负责人表示，区域老年群体更希望以家庭为半径，打造居家生活适老圈。结合这一特征，项目组在参照居民生活半径、洞察消费需求的基础上，制订了以“商业体—社区—居家”为路径的甘泉银发人群服务关爱计划。通过采取“加快门店转型，探索老年人群新空间”“i 百联一刻钟平台，打造甘泉特色双首页”“联合发放一张银发服务卡”“‘百联直通车’社区服务全面入驻甘泉”“街道试点 962512 服务热线”“打造特色服务日主题活动”等六大行动，百联集团实现了服务老年人的“生活圈”建设。

（1）优化社区服务内容，打造联华超市良好社区形象

为提升老年人服务体验，联华超市甘泉路街道门店推进服务转型升级，为 70 岁及以上的老年人提供多项免费的送货服务，并通过电话和社群与老年顾客保持联系。目前每天至少有 10 位老年人可享受到门店提供的送货便利服务，体现出服务升级后实施效果稳定。但受人手限制，业务的辐射范围和能力相对有限，店铺每天只能为有限的顾客提供免费送货服务。联华超市也在通过提升服务质量，有效吸引顾客到店消费。

街道网络内的联华超市合作互助，共同为社区提供服务。尽管在服务对象上有所不同，但超市整体上提供的服务具有一致性，超市网络共同进行空间布局改造以优化居民购物体验，这一转型升级不仅吸引了更多的老年顾客，也受到了年轻人的一致好评。

同时，联华超市也正在与各社区中心进行对接，计划积极参与社区活动，以进一步提升其创新养老服务能力。参与社区活动和党建活动也是加强与居民联系、提高联华超市在社区形象与知名度的良好措施。2024 年 8 月 23 日，甘泉银发人群服务关爱计划中的银发服务站依托联华超市的促销活动为居民提供三重福利和较大力度折扣，再次宣传了作为活动载体的超市及活动本身，有效提升了老年客群对联华

超市的认可度。

（2）依托“百联直通车”平台，提供多样化为老服务

“百联直通车”是百联集团打造的一刻钟便民生活圈的一站式社区服务平台，覆盖集团“一核三柱”主要业态。2024 年 6 月 27 日，“百联直通车——甘泉路街道公益行”在甘泉路 453 号党群服务中心举办。百联集团旗下的联华超市、百联股份，上海证券、第一医药、上海三联集团、好美家等为甘泉路街道居民带来了系列公益服务。2024 年 7 月，街道联合百联集团，依托党群阵地、新时代文明实践阵地和融媒体分中心线下阵地，开展“百联直通车”线下便民服务，成为社区服务的一道亮丽风景线。

联华超市每月 15 日在重点社区门店开展“爱心剪”公益理发服务，2023 年累计服务老年居民逾 2 万人次。百联集团旗下百联中环购物广场设立便民服务驿站，提供免费手机保养、会员注册指导及儿童绘本诵读活动，年服务量逾 1.5 万人次。上海三联集团“镜善镜美”项目为居民提供专业眼镜清洗、整形等服务，年服务量突破 3 万人次，其中老年群体占比达 62%。第一医药依托门店优势开展免费健康检测和用药咨询，2023 年累计服务老年居民逾 8 万人次。好美家聚焦居家养老需求，提供适老化改造咨询和智能家居体验，累计完成 500 余户改造。上海证券开展“银发护航”金融知识普及活动，编制大字版防诈骗手册，年举办社区讲座 200 余场，服务覆盖上海 16 个区。通过整合零售、医疗、金融等多业态资源，百联集团构建起覆盖生活服务、健康管理、居家改造、金融安全等全方位为老服务体系，年服务老年群体逾 30 万人次，以实际行动践行“百联让生活更美好”的企业使命。

针对行动不便的老年群体，百联集团还试点推出 962512 服务热线，该热线是 2008 年由政府指导设立的家电维修便民服务热线，经多年运

行，在市民中有较高知名度和认可度。2024年，百联集团将962512服务热线进行扩充，并整合了家电维修、医药服务、适老化家装、特殊人群物资配送和沪语服务五大类服务内容。夏季来临时，甘泉路街道的老年人可通过962512服务热线呼叫家电品类上门维修服务，覆盖空调、电视、洗衣机、冰箱、热水器、厨卫产品等。同时，针对街道社区内的残障人士、65岁及以上独居老人等特殊人群，962512依托辖区9家联华超市门店，可就近提供生活物资免费配送服务。

百联集团通过与甘泉路街道深化合作，以居民需求为导向，不断拓展服务内容、提升服务质量，完善了一刻钟便民生活圈的建设，为社区居民提供更多元化、个性化的服务。双方基于党建合作，共同推动社区治理与发展，正在携手打造更加温馨、和谐、美好的社区家园。

2. 适老化数字产品推动老年人线上融入一刻钟便民生活圈

在数字化时代背景下，为银发人群打造无障碍的数字交互体验显得尤为重要。百联全渠道电子商务有限公司为满足老年用户在视觉和操作方面的特殊需求，专门开发了一系列适老化的数字产品功能，着力为所有老年用户提供平等、便捷、友好的数字服务体验，帮助老年用户快速适应新的技术环境，提升其线上融入一刻钟便民生活圈的能力。

（1）老年人视觉体验优化

百联全渠道电子商务有限公司针对老年用户在数字平台上的特殊需求，对百联到家小程序进行适老化改造，推出了大字版用户界面。这一改造不仅增大了字体，提升了内容的视觉可读性，同时对界面元素和文字排版进行了重新布局和调整，以更好地适应老年用户的视觉习惯和视力条件。这样的设计让老年用户在浏览商品、参与促销活动和理解操作指引时，能够享受到更舒适和清晰的阅读体验，从而提升他们的在线购物满意度。

为了解决电商平台常见的复杂促销和烦琐购买流程给老年用户带来的困扰，百联全渠道电子商务有限公司推出了简化的长辈版界面。这一界面着重突出核心购物功能，精简促销活动信息，帮助老年用户快速识别所需商品，减少购物决策中的干扰。简化的购物流程使下单过程更加轻松，为老年用户提供了更为流畅和便捷的在线购物体验。此外，精简的信息展示模式和直观的界面设计，极大地减轻了老年用户在购物过程中可能遇到的认知负担，使他们能够更高效地作出购买决策。此举不仅增强了银发人群对数字购物的信心与体验感，还鼓励了他们更加积极地参与到数字化购物的过程中。

（2）AI 助手语义识别

AI 助手是百联全渠道电子商务有限公司为老年用户设计的一项深度语音交互服务，旨在简化老年用户的在线购物体验。该服务目前支持普通话和沪语双语交互，利用先进的语音识别和语义分析技术，使老年用户能够通过简单的语音指令进行活动查询和线上购物，无须依赖拼音输入，从而大幅降低在线购物操作难度。例如，AI 助手能够理解用户对时令蔬菜或特定食谱食材的查询，并提供个性化的商品推荐，简化了购物流程，使用户可以直接通过语音将商品加入购物车并完成结算。

该服务背后的技术包括大语言模型，用于进行语义分析，以准确捕捉用户的真实意图，并提供相应的解决方案。百联全渠道电子商务有限公司在 AI 助手的开发和迭代过程中，也将不断加入更多的限制和引导措施，以优化用户体验。这一过程不仅有效降低了老年人获取信息的成本，也提高了信息传递的效率。

相较于其他主流电商平台，百联集团 AI 助手能够根据用户的语音指令，在特定场景下提供更为精准和个性化的商品推荐。例如，当用户表达想要观看球赛并寻求相关商品推荐时，AI助手能够更准确地推荐啤酒、饮料和零食等，而不是仅推荐与足球直接相关的体育用品。这种语音识别服务的细节优化和用户体验上的优势，使百联集团在竞争中保持了一定的领先地位。

（3）电话预约送货上门

百联全渠道电子商务有限公司推出的电话预约送货上门服务是一项专门为银发用户群体设计的定制化服务，旨在帮助老年人克服在使用智能手机进行在线操作时可能遇到的困难与障碍。该服务通过与联华超市等合作门店的系统整合，有效实现了基于电话的购物预约和配送机制，使老年用户能够通过电话方式完成商品预订。

服务流程包括：老年人通过拨打门店电话进行商品预订，门店服务人员根据预订信息选择合适的商品，系统自动匹配最近门店，并提供上门结算和商品配送服务。门店服务台主要由熟悉本地方言和文化的工作人员组成，确保能够准确理解并满足老年用户的需求。此外，百联全渠道电子商务有限公司计划进一步扩展服务范围，提供无限制的商品选择，以满足老年用户多样化的购物需求。电话预约系统也将与门店的订单处理和配送系统无缝对接，以确保老年用户能够通过电话顺利完成购物流程。

（四）经验及启示

1. 洞察消费需求，优化产品与服务品质

联华超市甘泉路街道门店围绕社区老年人生活需求，在送货服务、门店改造以及活动促销等方面持续优化，积极融入社区居民活动，有效提升品牌的认知度与认可度。与此同时，百联集团与普陀区甘泉路街

道开展“甘泉美好生活，百联用心服务”的银发人群服务关爱计划，通过系列公益服务活动有效提升老年人对百联品牌的认知，并基于“商业体—社区—居家”的服务路径满足居民个性化的需求。

2. 加强平台建设，提升老年群体购物便利度

百联集团通过百联全渠道电子商务有限公司的 i 百联平台视觉优化、AI 助手语义识别等手段使得信息技术更好地融入老年人生活，同时基于 962512 服务热线，为辖区内老年人就近提供生活物资配送服务。其商业资源和服务能力的有效整合，个性化地满足了老年群体的需求，并成功提升了老年居民的生活便利和获得感。这一过程中，企业不仅广泛拓展了其消费客群，而且形成了常态化的社区服务体系。

3. 产品适老化升级，推动老年人线上消费

在适老化产品智能升级过程中，关键在于通过技术手段提升老年用户体验，降低线上产品与服务在数字化生活中的使用门槛，解决老年人在数字化平台上的操作困难，从而助力银发人群真正实现无障碍数字生活，促进其线上消费。百联全渠道电子商务有限公司推出大字版界面和简化版购物流程，显著增强了信息的可读性和用户操作的便捷性，大幅降低了老年人在使用数字平台时的技术障碍；还推出了 AI 助手服务，利用语音识别和语义分析技术，AI 助手能够精确分析老年用户的语音指令，帮助其顺利完成购物、查询等操作。通过智能化升级，银发人群不仅能获得全新的数字消费体验，更能够顺利融入一刻钟便民生活圈。

案例二　适老化导向下的零售连锁门店软硬件改造*

适老化门店改造可以提高老年人的生活质量，通过优化门店的环境和设施，使老年人能够更安全、便捷地购物和享受服务，这不仅方便了独居老年群体的线下消费，而且能够有效促进老年人的社会参与，有助于其身心健康。适老化门店改造不仅通过优化门店产品布局、增设银发服务专区等措施改善老年人的购物体验，还通过个性化服务，如建立健康档案、引入电话点单服务等，提升数字化为老服务能力，增强门店与老年群体的联系。适老化门店改造体现了社会对老年人的关怀和尊重，有助于营造一个更加包容和友好的社会环境。

（一）案例背景

1. 银发无障碍环境建设政策背景

上海市在服务老年人的适老化改造政策方面采取了一系列措施，旨在提升老年人的生活质量和安全性。这些措施涵盖了无障碍设施建设、无障碍信息传播与交流、无障碍社会服务等多个方面。在无障碍设施建设方面，上海市推动新建、改建和扩建的居住建筑、公共建筑、公共场所、交通运输设施和道路等，都必须符合无障碍设施工程建设标准。这包括为残疾人、老年人家庭提供无障碍设施改造的补贴，以及推进老旧居住区加装电梯等。此外，上海市还鼓励社会力量参与无障碍设施改

* 作者为上海市世外中学胡沐安和复旦大学哲学学院徐以谦。

造，并对已建成的不符合标准的设施进行改造。在无障碍信息传播与交流方面，上海市支持服务于听力、言语、视力障碍人群的无障碍信息服务平台建设，提供远程实时无障碍信息服务。同时，推动无障碍信息传播与交流，包括在广播、电视、报刊、网站等媒体开展无障碍环境建设公益宣传。

上海市已建立起了无障碍环境建设公众参与机制，强化社会公众对无障碍环境建设的认识和理解，依法保障公众在无障碍环境建设中的知情权、参与权、表达权和监督权。通过开展无障碍环境建设的宣传教育，推广建设无障碍友好环境理念，普及无障碍知识，传播无障碍文化，提升全社会无障碍意识。这些政策和措施体现了上海市在积极应对人口老龄化、提升老年人生活质量方面的努力和成就。通过这些政策和项目的实施，上海旨在为老年人打造一个更加安全、便利、舒适的生活环境。

2. 百联集团基于零售品牌门店加强为老服务

百联集团旗下涵盖药店、超市、便利店等众多零售业态，零售门店密集分布于上海市全域范围。百联集团通过优化零售门店的空间布局、提升门店为老服务，积极践行企业社会责任，在提升老年人消费便利性的同时，有效增强了老年客户黏性。

目前，上海老年群体在户籍人口中的占比接近40%，其消费倾向多元、消费能力较强，其中60 ~ 69岁的人群尤为活跃，且占比不断上升。银发人群在消费上展现了明显的需求多样性，尤其在百货、超市、线上购物和药店等零售渠道的年人均消费贡献显著突出。上海市老年人的超市渠道的年人均消费约2000元，重点购买食品和生鲜；线上购物的年人均消费同样达到2000元，集中于食品、美容个护和生鲜类型商品；药店渠道的年人均消费超过2000元，主要消费品类为药品与医疗器械。

（二）实践目标及规划

在人口老龄化趋势日益加剧的当下，百联集团积极响应有关政策，切实履行社会责任，精准把握老年群体的消费特点和需求，以旗下各零售业态的门店为基石，将关爱老年人、服务老年人融入门店经营，有序推进旗下各零售业态连锁门店软硬件适老化改造，为老年人提供更加优质、便捷、安全的服务。

未来，百联集团将继续加大在门店适老化改造方面的投入，不断优化服务流程，提升服务品质。同时也将积极探索适老化改造的新模式、新路径，为零售行业适老化改造树立典范，引领行业朝着实现更加老年友好的方向发展，通过零售服务场景的重构，不断满足老年群体日益升级的消费需求，为老年群体创造更有尊严、更具温度的消费体验，推动零售行业适老化改造的持续发展。

（三）主要做法及成效

1. 门店硬件布局优化，多层次满足老年人需求

（1）第一医药优化门店布局，便利老年客户健康消费

第一医药位于南京路步行街的门店分为7个楼层，每个楼层都有其独特的定位和功能。一楼主要提供医保药品，满足老年人对常用药品的需求，同时方便他们通过医保进行支付。三楼则专注于医疗器械，如血压计、血糖仪、轮椅等，这些产品能够满足老年人的日常健

康监测需求。第一医药提供了丰富的选择，有供售卖的适老化改造过后的床和轮椅，也有专供租赁的其他器械，均可送货上门。老年人可以在进行体检后先体验器械，再进行消费，且在购买产品后有专业医疗器械品牌人员和药店工作人员共同上门教授其器械使用方法。第一医药还与声望听力战略合作多年，拓展助听服务，建立听力中心，为消费者提供免费测听、助听器试戴、上门验配等服务。四楼 DTP（直接面向患者）药房与医院合作，通过为肿瘤患者提供送药上门服务，体现了第一医药对老年患者特殊需求的关注。五楼与泰坤堂中医医院合作，将传统中医服务引入现代医药商店（见图 2-1），为老年消费者提供了更多元化的医疗服务选择，且这部分费用也被纳入医保。此外，第一医药还在门店内引进豪雅镜片品牌，从度数检测、镜片推荐到试戴、制镜，提供一站式的老花镜验配服务，大大提高了老年人的配镜便利度。

图 2-1　第一医药的中医门诊

资料来源：百联集团公众号。

（2）联华超市面向老年人需求，推动门店转型升级

甘泉路街道所在区域内有 3 家联华超市，彼此距离约 600 米，为应对老年消费者的个性化需求，上述门店均着力推动适老化改造，并于 2024 年完成改造转型。店铺整体布局方面，联华超市在门口提供便民座椅，并设置坡道扶手以满足老年顾客行动需求；为提升老年顾客的购物体验，超市内设置了全新的休息区，并配备了基础医药箱、测量血压仪、饮用水、老花眼镜等；考虑到老年顾客可能携带儿童，超市还特意准备了儿童读物。产品分区方面，联华超市扩大了生鲜区域的面积，为其增加约 50% 的空间；考虑到老年顾客对健康食品的需求，超市特别引进了无蔗糖、零添加的老字号产品和保健品，照顾老年顾客对特色食品的偏好；同时还增设了珠宝专区，丰富老年顾客消费场景和体验。联华超市同时计划打造线上社群，让居民能够及时了解相关活动信息。改造后，生鲜销售额上升了 93%，整体业绩上升了 29%，改造效果显著。

2. 门店软件服务提升，增强老年客户黏性

（1）第一医药建立健康管理服务体系，提升业务专业水平

第一医药的客户群体中老年人占比较高，为优化针对客户的健康管理服务，门店采取了多项措施。第一，其为慢性病老年会员建立了详尽的健康档案，并通过定期的电话回访，及时了解他们的健康状况，由执业药师为其提供个性化健康管理建议，如发现问题也会及时建议老年人到医院就诊。第二，店内还提供了一系列的免费健康检测服务，如糖尿病眼底病变检测、动脉硬化检测、“三高”检测等，这些服务在医院往往需要收费，但在这里老年消费者可以免费享受，并且相关检测装置和三甲医院规格一样。第三，在健康咨询方面，门店和瑞金医院开展合作，第一医药在线上渠道设立了慢性病管理小程

序，让银发人群可以轻松随时查看并管理自己的健康状况，享受个性化的健康建议，通过数字化赋能，推动管理线上线下一体化延伸，更全面地照顾银发消费者的全生命周期。第四，第一医药通过主打优质服务增强客户黏性，赢得老年人信赖，以优质服务开辟市场已有成效。例如，在新冠疫情期间，第一医药为孤寡老人和行动不便的社区居民提供了免费送药上门服务，获得了顾客的一致认可和好评，极大提高了第一医药的口碑。与此同时，第一医药还利用大数据模型助力服务质量升级，为消费者提供个性化服务，对会员进行全生命周期的链路管理。店内同时设置了 MMC（标准化代谢性疾病管理中心）健康便利店，店外与上海交通大学医学院附属第一人民医院合作，提供专业院外服务，以提升对银发人群的慢性病管理，帮助其获得专业服务体验。

社区合作方面，第一医药亦走在前列，开展了一系列健康教育和公益活动，如健康讲座、免费体检等，这些活动不仅提高了老年消费者的健康意识，也加强了他们与社区的联系。第一医药还注重提升员工的专业能力和服务水平，特别是针对老年消费者的服务技巧和知识。服务模式上，第一医药也不断创新，开创如 24 小时营业、夜间药品销售、外卖平台服务等全新服务，这些举措极大地方便了老年群体的日常生活，尤其是行动不便或夜间需要用药的老年患者。

通过提供全方位多层次的社区服务和专业药类咨询及健康管理等服务，第一医药持续提高其服务水平，更好地服务老年人。与此同时，为了保证员工专业水平，第一医药会定期为员工举办专业培训，以其提供的专业药学建议服务打造独特的线下门店服务优势。针对服务过程中遇到的特殊情况，如老年顾客的投诉处理、紧急情况下的药品供应等，药店也建立起相应的管理制度，比如配备了紧急用药登记本，以便在没有处方的情况下为顾客提供急救药品。第一医药强调，一切服务始终以顾客的需求为中心，药店需要提供个性化和人性化的服务。

除线下门店外，第一医药还在i百联App上线了“药到家”频道：除了为消费者提供即时送药到家的常规服务，还连接互联网医院，为患者提供在线复诊开方服务，并通过社群渠道开展慢性病管理，提供更为精准的个人健康服务，打造能把健康带回家的“私人移动药箱”。

（2）世纪联华持续推动转型，加强社区老年群体服务

联华超市旗下世纪联华推出了“银发驿站”项目，为老年人提供一站式的生活服务，包括购物、休闲、健康等服务。“银发驿站”还提供理发、健康检测、参茸加工、眼镜清洗/修配/整形、适老化房屋装修改造建议和金融理财咨询等服务。联华超市计划在未来5年内，将“银发驿站”项目逐步扩展到全市近400家门店内，覆盖16个区4000多个居委会，以提升服务银发人群的能力。同时，部分世纪联华已加入“百联直通车”服务，进入社区为居民提供面对面服务。以世纪联华新村店为例，其每周选定一个小区，提供约30个特别优惠的商品，并提供送货到家的服务。

针对下一步适老化改造，世纪联华计划推出电话点单服务以方便不会使用手机的老年人；通过服务热线，老年人可以电话点单，再由商户进行商品配送；为扩展社区服务，卖场内还通过破墙开店的方式，增加如理发店、黄金店、参茸店等老年人存在需求的服务板块，同时补充老年食堂、缝补等更契合老年人需求的服务。针对老年人的价格敏感特性，世纪联华推出“三公里内买贵退差”服务，确保门店商品在周边地区保持一定的价格优势，以吸引老年人回流到超市购物；由

于老年人更倾向于使用现金支付，对手机支付和在线购物的接受程度较低，商户也考虑到了这一需求并满足老年人的支付偏好。与此同时，商户也在不断排查门店的安全隐患，以保护老年人的安全；商户运营的 8 个老年客户社群有效搭建起和老年顾客的沟通渠道，为其提供门店的最新资讯。通过对老年顾客需求的深入观察理解，世纪联华通过一系列的改造和服务创新，不仅为银发消费者提供了更加便利和舒适的购物环境，还创造了一个温馨的社区空间，同时也在不断优化、探索新服务模式。

（3）上海三联集团集合特色资源优势，为银发人群提供个性化服务

百联集团旗下的上海三联集团集合钟表、眼镜、照相器材经营三大专业，深入洞察银发消费市场并进行精准战略布局，通过专业的技术能力、贴心的售后服务、便捷的预约服务和实在的 VIP 权益，为银发消费者提供了全面而细致的服务体验。上海三联集团同时推出“匠人匠心”项目，促进旗下吴良材、茂昌等品牌不断推陈出新，为银发消费者提供个性化的功能性镜片和美观时尚的太阳镜等产品。

围绕门店升级与个性化服务，上海三联集团在重点门店推行精准预约服务，通过数字化工具了解消费者需求，提前作好商品、空间等接待准备，提升消费者的价值感知，通过海派风格装饰和定制化服务，为全客群打造沉浸式体验，满足顾客个性需求。上海三联集团还推出了“一人多镜”不同场景的解决方案，通过茂昌总店联手 WSA 集团旗下的西嘉，打造了全新的视听一体化综合服务，满足银发消费者在室内、户外等不同场景下的视觉需求。此外，上海三联集团在主力门店配备检测 App，通过简单的测试，免费为消费者提供测听和视光服务，寻找潜在消费者。

（四）经验及启示

1. 聚焦老年人服务，优化门店服务细节

第一医药针对老年人需求，在门店建立听力中心，引入传统中医服务和老花镜验配服务，并为慢性病老年会员建立了详尽的健康档案，以提供更加专业和全面的健康管理建议。世纪联华所推出的“银发驿站”项目，则是基于对老年群体的实际需求，在门店内为其设立理发、健康检测的专门区域，用心便利老年人的社区生活；同时其针对老年人智能手机使用困难的问题，正在积极推进电话点单服务，将老年人需求作为改进服务工作的基础。门店服务水平的提升，不仅有效增强了客户黏性，提升了消费者对品牌的认可度，更形成了积极的经济效应，带动业务的全面增长。

2. 打造适老化硬件，提升银发消费体验

联华超市下属的超市和卖场通过为老年人提供可以休息、社交和娱乐的空间，优化老年群体在携带儿童、行动不便等多种情形下的购物体验。与此同时，门店空间布局方面，通过扩大生鲜区域面积，设立无蔗糖、零添加的老字号产品和保健品专区等措施，充分激发了银发人群的消费意愿，并带动了相关产品的销售额增长。门店硬件的布局优化和产品分区，一方面提升了老年人的消费体验；另一方面也能够吸引更多的银发消费客群，促进门店客流量和销售额的增长。

3. 依托企业资源，提供老年客户专属服务

第一医药作为上海市老字号品牌，其与泰坤堂中医医院的合作，有

效拓展了药店客群并为老年消费者提供了更多元化的医疗服务选择。上海三联集团则为银发消费者提供个性化的功能性镜片和美观时尚的太阳镜等产品，并在部分门店免费为消费者提供测听和视光服务，提升老年客户的消费意愿。门店依托自身资源，针对老年人提供个性化专属服务，用细节提高客户满意度，形成门店发展的重要推力，并更好地打造品牌口碑，形成对老年客群的强大吸引力。

案例三　兼顾安全性与便利性的老年人支付模式创新*

2024 年 1 月 15 日，《国务院办公厅关于发展银发经济增进老年人福祉的意见》印发，发展银发经济已经成为推动经济社会高质量发展的一项重要举措。2024 年 3 月，《国务院办公厅关于进一步优化支付服务提升支付便利性的意见》印发，将提升老年人支付便利性作为着力点，为解决老年群体支付痛点提供了指引。

在推动银发经济发展的同时，支付领域的革新与适应性同样重要，它直接关系到老年人日常生活的便捷与安全。对于许多老年人而言，新的支付方式不仅仅是技术上的革新，更是情感上的挑战。他们中的许多人由于年龄的增长和经验的积累，对新事物持有天然的谨慎态度，加之数字鸿沟的存在，因此在面对线上支付、移动支付等新支付手段时，往往感到恐惧与不安，这种恐惧源自未知与被迫更改习

* 作者为上海市世外中学胡沐安和复旦大学社会发展与公共政策学院张思。

惯。新支付方式对于老年人而言是一生未曾涉足的未知领域，他们忧虑于自身难以迅速掌握那些复杂烦琐的操作流程，进而担忧操作不慎造成经济上的损失。网络诈骗的频发也让老年人对线上支付的安全性产生了深深的忧虑，他们害怕成为不法分子的目标，担心自己的财产受到侵害。针对那些长期以来习惯并信赖现金或传统支付手段的老年人群体，新支付方式的推广，实质上是一场对其支付习惯的颠覆性变革，迫使他们舍弃原有的安全感与熟悉感，去接纳并适应一个既陌生又充满变数的全新支付环境。

因此，在当前的支付环境中，老年人面临着支付方式的单一与不便，以及对新支付方式的恐惧与排斥。这种现状不仅限制了他们的消费选择，也影响了他们的生活质量，对银发经济的影响更是不言而喻的。如何帮助老年人克服对新支付方式的恐惧，让他们能够安全、便捷地享受现代支付带来的便利，成为亟待解决的问题。

（一）案例背景

1. 徐汇区推动社区食堂的运营与建设

2023 年，徐汇区 60 岁及以上户籍人口 34.83 万人，占辖区户籍人口比重达 36.7%，80 岁及以上高龄老年户籍人口 5.90 万人，占徐汇区 60 岁及以上户籍人口比重达 16.9%，位列上海市第一。面对人口老龄化发展现状，徐汇区积极部署社区食堂版图，全区社区食堂从 2021 年底的 11 家增长到目前的 43 家，老年人就餐的选择更方便多样。

为提升市场主体参与为老助餐的积极性，徐汇区探索了以“政府出资 + 国企助力 + 专业运营”为主的运作模式，为社区食堂的运营方免费提供场所及装修，对应的社区食堂给予符合优待条件的老百姓一定的折扣。在这样的模式下，为了进一步提升服务效率与顾客体验，各社区食堂运营商引入了办卡制度，为符合条件的居民办理专属预付卡，不仅简化了支付流程，还使得持卡人在每次用餐时都能享受到额外的折扣优惠，让老年人在就餐上更加便捷与实惠。

2. 徐汇区社区食堂卡资金安全问题

徐汇区持续推动社区食堂的办卡消费制度，这种模式虽然在一定程度上提高了老年人就餐的便利性，但同时也带来了一定的资金安全隐患。2023年，全区范围内预付卡的累计余额已高达近1500万元，涉及卡片数量近10万张，分别归属多个食堂运营商，单个运营商手中便可能持有二三百万元的预付卡资金，这给政府资金监管带来了压力。如何确保这些资金的安全，防止运营方挪用资金或因经营不善导致资金损失，成为亟待解决的问题。

2023年9月，徐汇区民政局向街道下发了妥善管理食堂预付款的文件，要求原则上不采用预存资金的方式进行结算，预付卡资金消耗完毕后转变为身份识别卡，新增消费者则可以直接使用该身份识别卡或直接使用敬老卡等获得折扣优惠。如使用预付卡，则需要加强监管力度。但在食堂场景中，预付卡是老百姓特别是老年居民最喜欢使用的支付工具，截至2024年6月，徐汇区预付卡余额不仅没有降低，反而仍在增加。

为什么老年群体喜欢用预付卡在社区食堂支付？这主要与老年群体的支付习惯有关。预付卡作为一种相对传统且稳定的支付方式，老年人在日常生活中已经形成使用习惯。同时，预付卡通常具有简单的使用流程，如充值、刷卡等，这些操作对于老年人来说相对直观易懂，而新的支付方式可能涉及复杂的操作界面、密码输入、二维码扫描等步骤，对于视力下降、手指灵活性降低的老年人来说，操作起来较为困难。并且，老年人对于新兴事物的接受程度相对较低，对于个人信息安全和资金安全的担忧也更为强烈。预付卡是一种实体卡片，老年人可以直观地看到并保管，感觉相对更为安全可靠，而新的支付方式涉及网络连接、数据传输等，可能让老年人担心个人信息泄露或资金被盗用。

在社区食堂的支付场景中，尽管预付卡的引入与普及伴随着资金安全方面的隐忧，但由于预付卡的便利性和老年人长期养成的使用习惯，老年人群体依然对其情有独钟。这种现状促使政府与行业在预付卡的管理与创新领域必须主动作为，以应对挑战，确保资金安全的同时，也可以维护老年消费者的权益。

除了预付卡的资金安全问题，预付卡的使用便利性在实际消费场景中也受到了质疑。上海市各区、各街镇结合实际情况，制定本区域的老年助餐补贴政策，而老年人享受优惠就餐的支付方式，也是由各社区食堂经营者依据各自实际自行制定。这也就导致目前市场上普遍存在一个现象：由不同运营商运营的社区食堂都发行自己的预付卡。当老年人跨食堂就餐时，常常发现手中的预付卡不通用，这无疑增加了他们的使用负担，也限制了预付卡在银发经济中更广泛的应用与普及。因此，打破预付卡在不同食堂之间的壁垒，实现跨食堂的预付卡通用，已成为民众尤其是银发人群普遍关注与重视的热点问题。

（二）实践目标及规划

在社区食堂资金安全问题难以解决的背景下，百联金服作为一家深耕支付领域的国有企业，紧密围绕国家发展战略与集团战略规划，积极践行社会责任，与徐汇区各街道办展开合作，聚焦于社区食堂，共同探索社区食堂支付新模式。百联金服作为百联集团的下属公司，成立于2006年12月，其全资子公司安付宝商务有限公司是上海地区唯一有国企背景的预付卡公司，拥有中国人民银行颁发的支付业务许可证，尤其是持有上海地区的预付卡发行与受理牌照，可发行多用途预付卡，可跨地区、跨行业、跨法人使用，交易资金及结算平台皆由中国人民银行负责监督管理。

百联金服同徐汇区的合作旨在通过高效、便捷的支付解决方案，基于已有的百联OK卡体系，实现社区食堂就餐卡的一卡通服务，全面覆盖并满足老年群体的多样化支付需求。

百联OK卡是由百联集团发行的一种预付卡，可以在百联集团旗下的各大商场、超市等零售店铺使用，年均发行卡数1500万张，年活跃持卡用户数达35万，百联金服在预付卡领域的深耕，通过百联OK卡这一载体得到了充分体现。面对社区食堂这一消费场景，百联金服开展多轮调研，平衡多方利益，创新推出了汇享福OK卡，以实现在支付领域为银发经济发展助力。其推出的预付卡不仅可以在所有社区食堂通用，做到全区一卡通用，并且资金存放在中国人民银行监管账户，可以有效保证卡内资金安全。

（三）主要做法及成效

1. 启动食堂一卡通研发项目，深入社区开展多轮调研

百联金服于2024年初正式启动了针对社区食堂就餐卡服务的创新项目。该项目旨在通过科技赋能，优化社区长者及特殊人群的就餐体验，构建更加便捷、高效的社区服务体系。2024年1月起，百

联金服项目团队围绕社区食堂就餐卡的实际应用与就餐场景进行了全面而细致的调研工作。他们不仅与社区食堂就餐者面对面交流，还深入食堂运营管理部门，收集第一手资料。在调研过程中，项目团队了解到，先前在食堂支付领域推行过可以挂在手机上的小圆卡，但这张卡是只有身份识别功能的会员卡，没有支付功能，无法真正满足老年人需求，因此办理数量较少。经过多轮深入调研与沟通，团队精准把握了项目需求，精心整理并形成了一套切实可行的业务方案，为街道社区食堂提供高效、便捷的就餐卡服务整体解决方案。历经数月的精心筹备与不懈努力，团队对方案进行了多轮优化与调整，最终于 2024 年 4 月推出了社区专用的汇享福 OK 卡。该卡不仅实现了快速便捷的支付功能，还融入了个性化服务设计，标志着项目首期个性化功能开发的圆满完成，为社区长者带来了更加贴心、智能的就餐体验。

2. 明确使用场景，实现利益平衡与技术整合

为了确保社区食堂专属卡的顺利普及，百联金服与徐汇区社区食堂两家收银系统的 SaaS（软件即服务）平台方紧密合作，实现了系统的无缝对接。原有体系下，社区食堂各家商户的预付卡体系分散且存在安全问题，通过尊重并维护原有收银系统的完整性与各利益方的既有权益，百联金服避免了直接触动既有利益格局，从而有效减小了推行过程中可能遇到的阻碍。具体而言，百联金服设计了一套兼容性强、操作简便的整体解决方案，使得社区食堂 OK 卡能够接入原有收银系统，原有的收银设备能够继续使用；而新加入的商户也只需要接入指定 SaaS 平台方的收银设备，即可启用社区食堂 OK 卡支付功能。这样“补充而非替代”的原则，保留了商户原有的收银习惯与设备使用习惯，社区食

堂 OK 卡仅作为支付方式的创新与补充，极大地减少了社区食堂 OK 卡推行落地的障碍。除了收银方，百联金服还与区政府、街道、食堂经营者及一线员工等多方主体进行了沟通与协调，确保各方利益得到妥善安排，以最小阻力推动社区食堂 OK 卡的普及与应用。

3. 推动一卡通用快速铺开，满足银发人群就餐需求

2024 年 8 月，随着前期筹备工作的圆满收官，徐汇区正式启动了社区食堂 OK 卡的全面推广工作。在徐汇区政府的领导以及区民政局的指导下，百联金服携手区内各街道办事处，创新推出了汇享福 OK 卡（见图 2–2），该卡成功实现了与全区社区食堂主流支付系统的无缝对接，成为连接居民便捷生活的桥梁。此外，项目团队积极走访街道与食堂区域，针对食堂运营方及收银员等进行了驻点培训，并完成了宣传物料和操作手册的发放工作。自 8 月 1 日起，徐汇区内 43 家社区食堂陆续启动了汇享福 OK 卡的开卡与充值服务，短短一个月内，便收获了令人瞩目的成果。截至 8 月 28 日，共计发放并激活了 6500 余张汇享福 OK 卡，充值交易达到了 7600 多笔，消费纪录更是突破了 1.8 万笔大关，覆盖了全区 13 个街道中的 41 家社区食堂，体现了项目极高的执行效率与社区居民极高的参与热情。其中个别食堂未发生交易的主要原因是正在装修中。这一系列数字背后，是社区居民对汇享福 OK 卡项目的高度认可与大力支持。通过这张智能卡片，社区内的老年群体能够轻松享受到跨食堂就餐的便利，实现余额的跨店共享与各类优惠折扣的通用，极大地丰富了他们的餐饮选择，提升了日常就餐的便捷性与满意度，进而在细微之处提升了银发人群的生活品质与幸福感，满足老年群体就餐需求，助力银发经济发展。

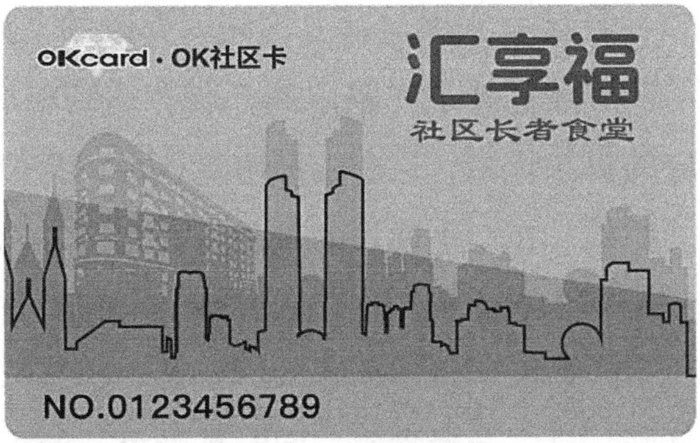

图2-2　汇享福OK卡

资料来源：百联集团公众号。

汇享福 OK 卡作为一张实名且可重复充值的多用途预付卡，其优惠机制紧密关联于持卡人的身份特征。具体而言，该卡为不同年龄段的老年人提供了分级优惠：60 ~ 69 岁的老年人可享受 9 折优惠，而年满 70 岁的老年人、低保收入家庭、残疾人、计划生育特别扶助家庭、劳动模范及三八红旗手等特定群体，能享受 85 折优惠。此外，退役军人及优抚对象也享有专属的 81 折优惠。这一折扣体系的实现逻辑在于，消费者在办理汇享福 OK 卡时，需将其身份信息录入卡内，系统据此为每位持卡人打上相应的身份标签，如老年人、劳动模范、退役军人等。随后，在持卡消费时，系统能够自动识别并应用相应的折扣政策，确保每位持卡人都能享受到与其身份相匹配的优惠待遇。在应对使用便利性与资金安全两大挑战上，百联金服携手徐汇区推出的汇享福 OK 卡展现出了以下三大显著优势。

一是使用便利。汇享福 OK 卡的一个显著优势是一卡通用。它打通了徐汇区内 43 家社区食堂，无论是在不同的食堂间切换，还是在同一个食堂面对运营商的变更，汇享福 OK 卡都能保持其支付的连贯性和稳定性，老年人去往社区食堂就餐只需要携带一张卡。这种设计巧妙地解决了以往社区食堂因运营方不同而导致的卡片不通用问题。同时，汇享福 OK 卡还打破了户籍限制，所有达到相应年龄的居民，都能享受到相应的折扣优惠，这在上海市其他推行身份识别一卡通的区域中是独树一帜的。在一卡通用的基础上，老年人能够获得折扣通享的权益保障，汇享福 OK 卡将政府给予老年人的就餐补贴直接与个人身份挂钩，而不是局限于特定的食堂运营商。这意味着，老年人可以根据自己的喜好，自由选择食堂，同时享受统一的折扣优惠。这样的设计不仅简化了老年人的就餐选择过程，也确保了他们的权益得到更好的保障。

与传统的支付方式相比，老年人现在无须再出示会员卡并配合其他支付手段进行复杂的操作。汇享福 OK 卡通过技术创新，实现了支付卡与会员卡功能的一体化，用户只需一次刷卡即可迅速完成支付，大大提升了交易的便捷性。卡片采用先进的 IC 芯片技术，确保了支付过程的高速和安全。这种设计不仅优化了支付体验，减少了等待时间，同时也为运营商带来了便利，免除了现金找零的烦琐，有效减轻了现金管理的压力。此外，汇享福 OK 卡还支持小额免密支付，老年人日常就餐时刷卡即完成支付，无须进行输入密码等其他操作，大大提升了支付便利性。

二是支付安全。在社区食堂这一特殊场景中，支付安全对于银发人群尤为重要。老年人往往基于对政府的信任，将这份信任延伸至食堂运营商，毕竟这些食堂享有政府补贴，理应更加安全可靠。然而，现实中食堂运营商独立承担运营责任，可能因为各种问题突然终止服务，导致预付卡中的金额无法退还，给老年人带来经济损失，同时也损害了政府的公信力，引发老年人的不信任。面对这一问题，汇享福 OK 卡将全区社区食堂的预付系统一体化，确保用户存储金额不受食堂运营商更迭影响。这样，即便运营商出现问题，老年人的预付资金依然安全，从根本上消除了因运营商变动带来的资金损失风险，为老年人筑起一道坚实的支付安全防线。同时，这一举措也极大地提升了政府形象，有效维护了公众信任，并显著降低了政府的管理负担与成本，因为汇享福 OK 卡的通用性使得食堂更替变得更为顺畅，政府在必要时更换运营商，能够更加灵活和低成本地进行，减少了因频繁换卡带来的额外成本。

作为汇享福 OK 卡背后支撑力量的百联金服，是一家深耕支付领域的国有企业，以支付为核心业务，始终坚持落实中国人民银行对支付行业的监管要求，将支付服务实体经济发展作为重要任务。公司不断加强安付宝 OK 支付的合规和风险管理体系，确保资金安全。所有通过汇享福 OK 卡进行的预付资金，都受到中国人民银行的严格监管，并存放在指定的监管账户中，为资金安全提供了坚实的保障。

三是政府许可。汇享福 OK 卡的诞生与流通需要发行方具备中国人民银行授予的多用途预付卡资质，而百联金服正是凭借这一稀缺资质，成功踏入了这一竞争激烈的领域。不仅如此，为了更好地服务于老年群体，百联金服还特别在中国人民银行上海市分行进行了专项备案，确保每一项为老年人量身定制的服务都能得到官方的严格监督与认可。同时，鉴于卡片在日常小额支付及饭卡场景中的免密支付特性，所有相关安全及便捷性措施均得到了中国人民银行的详尽备案，为用户资金安全筑起了一道坚实的防线。

除了准入机制，政府的大力支持在汇享福 OK 卡的发行与推广过程中也有体现。徐汇区 43 家社区食堂全面实现了汇享福 OK 卡的一卡通用，这一创新模式得到了区政府的高度重视与大力支持，加速了汇享福 OK 卡在该区域的迅速铺开，不仅极大地便利了社区老年群体的日常生活，也有效促进了社区服务的智能化、便捷化升级，真正实现了政府、企业与民众之间的共赢。

4. 丰富一卡通使用场景，赋能银发消费

展望未来，百联金服汇享福 OK 卡项目将步入一个更加广阔的发展空间。

（1）实现全市社区食堂一卡通

针对徐汇区 43 家社区食堂，百联金服还将持续补充增值服务与为老权益，如银行端收单及引流营销活动、适老化商品及为老权益活动驻点服务等，让社区食堂成为老年人温馨、便捷的生活港湾。同时，项目团队期望能够将徐汇区的成功经验复制到全市各区，打造覆盖全市的社区食堂一卡通，达到一卡余额通用、一卡折扣通享，实现一卡在手、全城通用的美好愿景，极大地提升老年人群体的就餐消费便利性。

（2）打造多业态一卡通

在深化产融结合方面，百联金服将紧密围绕百联集团一刻钟便民生活圈项目，结合百联金服丰富的商户资源，特别是百联集团内部深受银发人群喜爱的消费场景，如联华超市及第一医药等，为老年人量身打造专属的银发权益。通过整合各类优惠与服务，为社区居民提供更加全面、多元的生活服务，让老年人在享受购物乐趣的同时，也能感受到来自社会的关怀与尊重。

（3）成为便民服务全市一卡通

更进一步，百联金服还将积极争取上海市民政部门的支持，探索将 OK 卡作为敬老卡的重要补充支付方式，为更多老年人提供灵活多样的支付选择。目前上海市敬老卡在实际使用中更类似于一张银行卡，政府通过该卡向老年群体定期发放补贴，老年人更多使用敬老卡存储资金，

而较少通过其消费。同时，作为金融卡的敬老卡在查询交易明细上不够便捷，查询余额需要携带个人身份证件前往柜面办理，补卡也是一个相对烦琐的过程。而 OK 卡作为预付卡，充值储蓄后可以便捷地进行支付，同时基于老年群体的身份信息定向给予优惠，能够刺激老年消费，得益于免密支付、小额便捷交易的特性，极大简化了老年人的支付流程，提升他们的消费体验，尽可能减少他们对新支付方式产生的抵触心理。百联金服还计划引入更多专项权益与便民服务，让 OK 卡成为老年人生活中不可或缺的一部分。

（四）经验与启示

1. 满足银发人群需求，提升老年人生活品质

银发经济的核心在于满足老年人群的基本需求和深层需求。百联金服在推广社区食堂 OK 卡的过程中，充分考虑了老年人的实际需求和消费习惯。通过实现全区社区食堂主流系统的无缝对接，让老年人能够轻松享受跨食堂就餐、余额共享、折扣通享的便捷服务。这种服务模式不仅解决了老年人就餐难的问题，还提升了他们的消费体验和生活品质，进一步激发了银发市场的消费潜力。

2. 科技赋能养老服务，促进银发经济创新发展

在银发经济的大背景下，科技赋能成为推动养老服务创新发展的重要手段。百联金服利用自身在金融科技领域的优势，成功开发了社区食堂 OK 卡，并完成了首期个性化功能开发。这张卡片不仅具备快速便捷的支付功能，还融入了智能化、个性化的服务理念，可以根据各区社区食堂现状、补贴特性制定个性化落地方案，并配合进行智慧社区养老数

智化改造，为老年人提供了更加贴心、专业的服务。通过科技赋能，百联金服不仅提升了社区食堂的运营效率和管理水平，还促进了银发经济的创新发展。

3. 整合多方资源，构建银发经济生态体系

银发经济的发展离不开多方资源的整合与协同。百联金服在推广社区食堂 OK 卡的过程中，积极与徐汇区政府、区民政局以及各街道办事处等政府部门合作，共同构建了银发经济生态体系。同时，百联金服还充分利用自身在零售、金融等领域的资源优势，将社区食堂客户与百联集团、联华超市等业态进行引流对接，为老年人提供更加全面、多元的生活服务。这种资源整合与协同发展的模式，不仅促进了银发经济的繁荣发展，还提升了老年人的生活品质和幸福感。

案例四 提升购物体验的老年友好商业体建设*

我国人口结构正经历动态变化，老年人口数量目前呈现持续增长的态势。这一人口结构的变化，带来了养老服务、健康医疗、休闲娱乐等多方面需求的增加。面向老年人及其家庭的银发经济，有望成为推动国内经济高质量发展的新支柱。目前，我国银发经济呈现规模庞大、快速增长的特点，其涉及面广泛、产业链长、业态多元，基本的养老生活服务只构成了银发经济的一个部分，在衣食住行的各个方面都不断产生新

* 作者为复旦大学国际关系与公共事务学院陈皓骏和复旦大学社会发展与公共政策学院晏艺航。

的细分需求，有待市场提供更多样化的产品与服务。提供更精细化、个性化、品质化的消费产品、文娱服务、健康管理，是银发经济持续发展的方向。

在银发经济迎来结构性发展机遇的风口，传统商业体有望通过适老化改造拥抱这一新经济趋势，实现多元增长。对于作为传统线下消费重镇的实体商业空间而言，线上经济的崛起在过去10年间不断压缩其生存空间，商业体探索线上线下融合新模式并开拓新经济增长点成为迫切需求。如今，伴随人口结构的动态变化，一条新的康庄大道逐渐出现在眼前。

通过对商业体进行适老化改造，银发人群的消费意愿将得以转化为线下消费行为，促进经济的多元化发展。一方面，银发人群年龄结构的迭代变化意味着银发人群消费能力的逐步增强，使具备无障碍条件、便于银发人群购物的长者友好型商场能够吸引更多的老年消费者，为商户提供新的市场机遇；另一方面，由消费端向产业链上游延伸，适老化商业体的建设不仅能够带动经营银发人群相关产品的上游供应链发展，还能够帮助为商业体提供无障碍设施和养老服务的供应商开辟市场，从而形成新的经济增长点。

（一）案例背景

1. 国内商业体进行适老化改造的政策背景

近年来，国家持续大力发展银发经济，推动银发消费群体事业与产业、基本公共服务与多样化服务协调发展，以满足老年人日益增长的物质和精神文化需求。为进一步增进老年人福祉、规范银发经济市场发展，2024年1月15日，国务院办公厅印发文件编号为“国办发

〔2024〕1号”的《国务院办公厅关于发展银发经济增进老年人福祉的意见》(以下简称《意见》)。《意见》强调，为提升老年人的幸福感、满足老年人对美好生活的向往，银发经济需要覆盖从实物到服务，再到文化、艺术、体育、休闲等领域，更加重视老年人的多层次多样化产品和服务需求。国家层面的政策支持将为银发经济的发展提供强有力的保障，政策引导和市场机制的优化将吸引更多的社会资本投入银发经济领域，推动高品质服务模式的形成，让老年人共享发展成果，安享幸福晚年。

《意见》提出了多项举措，其中有许多举措与线下商业体的适老化发展有强相关性，值得深入研习。

在解决老年人群体的急难愁盼问题方面，要聚焦发展社区便民服务，建设改造一批社区便民消费服务中心等设施，引导老年日用产品实体店合理布局，鼓励商场、超市等开设老年专区或便捷窗口；在扩大银发经济产品供给方面，要培育银发经济市场主体，发挥国有企业引领示范作用，拓宽消费供给渠道，结合春节、重阳节等传统节日以及“敬老月”等活动，引导大型商超举办主题购物节，支持设立银发消费专区，鼓励子女线上下单、老人线下体验服务，培育一批特色活动品牌，打造一批让老年人放心消费、便利购物的线上平台和线下商超；在培育银发经济潜力产业方面，要推进适老化改造，将推进公共空间、消费场所等无障碍设施建设纳入城市体检指标体系，定期开展国土空间规划实施评估，并开展数字适老化能力提升工程，推进互联网应用改造，保留涉及老年人的高频事项线下服务。

《意见》同时强调，发展银发经济，事关国家发展全局，事关人民福祉。各地区、各部门要在党中央集中统一领导下，完善工作机制，加强统筹协调，推动各项任务落实落细。

为全面落实积极应对人口老龄化的国家战略，各级地方政府和相关协会组织积极采取有效措施，通过打造适宜老年人的购物环境、推进老年友好城市建设，实现商业企业经济效益与社会效益的有机统一。2013年印发的《上海市老年友好城市建设导则（试行）》以地方规范的形式对服务老年人居住出行、社会康养、权益保护等方面提出建议。文件指出，要加强户外环境设施建设，优化公共交通服务，确保老年人出行安全便捷；要完善社会保障和援助体系，提升社会服务和健康水平，丰富文化教育和体育活动；要促进老年人的社会参与和奉献，提高社会尊重和优待水平。2023年，中国连锁经营协会发布《适老化商业指引》，从商品、服务、设施等方面为中国商业组织打造适老化商业环境提供参考。《适老化商业指引》为商业组织提出的指导建议涵盖商品的合理摆放、营销活动的适老化设计、商品配置的科学规划，强调了配送服务、互联网应用、咨询服务等辅助性服务和服务性产品的重要性，并为电梯、休息区、卫生间等公共设施的适老化改造提出建议。

综合《意见》、地方政府文件与行业组织指引，我国线下商业体进行适老化改造刻不容缓。全社会应共同努力，聚焦老龄化社会，构建共同关注和支持老年友好环境的社会体系。市场商业主体应积极应对时代潮流，适时开展并规范适老化建设，促进银发经济的健康发展。

2. 国内商业体发展银发经济的尝试与探索

（1）我国银发经济线下商业模式的探索现状

面对人口结构变化与老龄商业需求迭代的新趋势，我国银发经济的线下商业探索不断推陈出新。目前，我国银发商业空间的落地方式主要有两类。一种是对传统商业体进行适老化改造，为银发经济拓展发展空间。为满足银发人群需求，商场在传统商业空间的基础上打造专属消费区域，推出面向老年人的社群活动。2019年，北京市商务局曾宣布针对10家试点商场开启转型计划，其中包括成立于20世纪末的传统百货商场——长安商场。作为王府井集团旗下首批转型社区门店，长安商场于2023年底重新开业时推出了坐落于B1层的“银发金街”老年消费专区，面积2300平方米，集合了生活驿站、中工优品健康驿站、社区食堂、老龄课堂、读书角、白塔寺药店等专注于老年消费群体的功能业态，并专门设置导引指示，方便顾客寻找。商场备有助行器、四脚手杖、轮椅、急救包等爱心物资。“银发金街”围绕银发人群的生活社交需求，自2023年以来已为社区老人开办养生、健康生活等领域的银发课堂17场，参与人数达到500余人次，丰富了周边老人的社交生活。

另一种对银发经济线下商业机会的探索模式则以嵌入社区的连锁加盟店为载体。一些品牌以周边老人为主要客群，从社区型门店开始做起，稳步扩展商业范围。孝心坊定位于中老年用品一站式购物，一站式满足中老年人各项所需，实物产品销售品类包含3000多个单品。其商品分为“衣”“食”“住和行”三大板块，销售额占比大致均等。作为与同行的差异化策略，孝心坊强调以服务、社交为核心，通过解决方案与产品包的方式推出诸多服务类产品，涵盖旅游、家政、助浴、健康管理、回忆录编写、寿庆等。在客群画像方面，有三成顾客为银发人群子女，而更多的则是为自己选购物品的长者。孝心坊的受众定位以“大众路线”为主轴，门店从省会城市拓展至各县城，深入普通老人居住的社区。扎根银发人群、深入寻常百姓家的发展策略使孝心坊稳居国内老年零售行业龙头，占据近一半的行业市场份额。

与本土品牌的摸爬滚打相比，日本养老辅具产品商MEDMET的发展之路则将日本应对人口老龄化问题的成熟经验复制到中国市场。MEDMET于2015年在日本成立，商业模式是将养老辅具产品出口到中国，而后逐渐建立起自有供应链和品牌。公司聚焦实体商品领域，针对老年人细分需求推出简单实用的精细化产品。产品以简单便捷、使用方便为主要特征，强调使用便捷性，并不盲目追求高科技或多功能性。2022年起，公司将工作重心转向中国，在杭州成立了中国区总部，并开始在中国国内尝试推出20～40平方米的社区小店“福原之家”。在日本有9年养老辅具创业经历的MEDMET创始人认为，想要解决老年人生活中遇到的问题，不仅要为他们提供合适的产品与服务，最重要的是还要让门店位于老年人的活动圈里。未来，MEDMET也计划培养更多的居家养老产品专业辅导员，实现全门店配置，为客户推荐匹配符合需求的店内产品，将设计生产端对产品的精确定位传递到销售渠道端，使老年人能真正享受到适老化产品的便捷性，并缩短品牌与客群的距离，建立亲密感与信任感。

综观孝心坊与MEDMET的发展历程，尽管两者的起始模式不同，但是在聚焦银发人群需求的道路上殊途同归。事实上，在从事老龄综合零售业初期，孝心坊将战略重心置于孝心经济，以老年人子女为主要目标客户，以拜寿时携带的礼物为需求场景。然而伴随银发人群的结构性变化，银发人群自身的商业价值愈加凸显。目前，我国老年人大多属于居家和社区养老模式，居家和社区养老、具有旺盛消费需求的活力老人是社区嵌入式商业体发展的巨大潜力来源。现在，孝心坊发挥自身的下沉优势，融入当地社区，举办科普讲座、公益活动，提供选购奶粉、衣物乃至如何维持心理健康的指南，一面进行品牌宣发变现，另一面实现市场教育、增强客户黏性。而

MEDMET 产品简单便捷、以客户需求为导向的设计理念也同样证明，以客户需求为本，将商业利益与社会责任有机结合，是商业可持续增长的强劲动力。

（2）银发商业空间发展模式所面临的挑战

然而，线下老龄商业体的发展并非一帆风顺，迎难而上并取得成效的总是少数。现阶段，国内银发商业的空间构建受限于优质老年商品和服务供给的不足。在实体产品方面，日本的适老化产品目前一共有 5 万余个种类，而中国的相关产品数量不到其 20%。一方面，日本的轻工业设计与发展水平较高，许多产品有一定研发门槛。比如，大小便护理机器人可以在无人照顾时精准感知老人的排泄需求，全自动地帮老人排泄、清洗、烘干；一些智能化防摔倒报警系统，通过体位的变化和算法来感知老人摔倒；对有各种不同行动功能障碍的老人，也有相应的适老化产品进行支持，其中洗浴辅具尤为典型。在日本，能基本自理的老人可以使用普通的防滑助浴椅；腿脚不便但仍有活动能力的老人可以选择侧入式或升降式浴缸，坐在轮椅上平移或升降进入浴缸后自行清洗；而对于重度失能的老人，可以在介护人员的辅助下，使用能够全方位位移的辅助入浴装置或全包围卧式洗浴系统。另一方面，更多居家用具以轻便、精巧为设计理念，并不一定具备复杂的科学技术，但能够实实在在满足老年群体的特定需求。举例而言，帮助患有帕金森病的老人穿衣、系扣、拉拉链的小工具能够弥补老人在生活上的一些不便；吃饭用的小勺子、叉子可以有不同的手柄形状，并且进行可弯折设计。产品品类的精细化体现了以银发客户群体为本的设计理念，展现对长者群体生活需求的深入理解和考虑。

在观念上，在传统商业体进行适老化改造的案例中，各参与方对银发经济的认知也是适老化改造过程中遇到的实际挑战。2024年3月，北京老年“啄木鸟”志愿监督队对长安商场“银发金街”进行督导时指出租户适老化服务不足的问题，如部分租户没有提供服药的热水、缺少使老年群体减少阅读障碍的老花镜等。随行的全国无障碍建设专家委员会专家提出，打造“专门给老人逛的街”对于综合性商业体的盈利与可持续发展而言并非长久之计，且把老年群体和年轻客群分开对待与社会化康养中倡导老年人回归社会的目标有所背离。这一观点直击许多综合性商业体的痛点。即便银发经济正如火如荼地开展，但主动切分客群对商业体来说不一定是主动求变的最优策略。在现有社会观念下，贴上老龄化标签的商业体面临年轻客群流失的风险。这是由于当前的适老化产品与服务常常将老年人同其他群体分隔开，而非将针对老年人的业态融入现有的体系。目前，市场上仍然缺乏具有审美含义的适老化设计，老年人使用的产品往往因缺乏美观性而被年轻群体认为“土”。与此同时，专为老年群体提供服务的商业区域也往往忽视审美表达，导致注重追求个性身份与意义的年轻客群与其保持距离。因此，在实体商品发展与银发审美建构方兴未艾的当下，商业体适老化改造的破局之路在于提供无障碍服务，让老年人可以安全、自在、便捷地与其他人群共同享受各类服务。基于此，商业体在基本保持原有商业格局的同时，应督促商户提供更多无障碍服务，并整体新增地面防滑、桌椅扶手、标识导视等基础设施建设。将银发人群视作商业体客群的一部分、提供基于特别需求的无障碍服务，不仅有助于增强老年人的社会参与感，也有助于传统商业体建立更加和谐、包容的商业环境，同时也是银发经济健康发展的必然要求。

（二）实践目标及规划

在线下实体消费领域，百联股份以无龄感商业体的构建模式作为银发经济发展的关键理念，将百联曲阳购物中心作为初期试点门店之一，通过门店商业定位的解构，探索不同项目模式，以强化百联股份零售商业的核心地位并筑牢差异化竞争优势。通过对设施、商品、服务、营销、权益等多方位的适老化改造提升，以及对无龄感生活方式的场景融合，着力打造具备无龄感且拥有多元生活方式体验的综合型商业体，为银发人群减少出行购物障碍、提供定位更加精准的商品与服务，使银发消费群体能够安全、自在、便捷地共享商业服务。通过对项目模式的探索，沉淀优秀案例及经验，并对项目内容进行模块化拆解，未来，百联股份将结合旗下所有商业体空间定位，持续推动无龄感商业体建设的快速复制，在帮助保持银发人群社区活力的同时，为企业开拓银发客群、增强顾客黏性，实现企业的可持续发展。

无龄感商业体的建设需要多主体的通力协作和多方位的适老化进程推动。商业体作为主要的改造场所，其设施改造是基础条件，包括增设无障碍通道、电梯、扶手等，以确保老年人的通行安全和便利。同时，商业体内的商户也需要参与到这一改造过程中，与商业体积极合作，提供适合老年人的产品与配套服务，如等候专座、温水供应乃至健康咨询等，以提升老年人的购物体验，满足老年人的特殊需求。在营销端，商业体和商户还需要联合开展活动，包括但不限于举办面向老年人的社群活动、提供老年人专属的优惠和服务等，丰富老年人的精神生活，创造长者友好型购物环境。通过商业体和商户的共同努力，可以构建一个既满足老年人需求，又具有包容性的商业环境，从而推动无龄感商业体的整体性建设，让所有年龄段的消费者都能享受到舒适、便捷的购物体验。

（三）主要做法及成效

1. 百联曲阳购物中心的周边客群情况分析

从宏观层面布局银发经济发展的国家战略以老年人群的数量增加与结构性变化为基础，而微观层面的综合商业体落实适老化建设则需要基于周边人群的年龄特征与具体需求。对于百联曲阳购物中心而言，在主动拥抱银发经济的同时，需要与周边社区的客群结构和需求特性相匹配。在推动无龄感商业体建设的过程中，百联曲阳购物中心积极进行市场调研，对周边客群情况进行了细致和系统的分析梳理。

2023 年，上海市虹口区 60 岁及以上老年人口占户籍人口的比例为 44.9%，这一比例在全市各区中位列第一。作为上海市中心城区之一，虹口区发展历史悠久，加之产业多样性较低，本地年轻劳动力向上海其他区域的流出，进一步提升了老龄人口比重。实有人口数据显示，虹口区曲阳路街道 60 岁及以上的居民占比达到 36%，街道人口老龄化程度较高，且老年人口比例呈现不断增加的趋势。同时，居家和社区养老的老龄人口比例占比达 83%，而完全无法自理的长者比例仅为 3.2%，这意味着老年人中有相当高比例的人群具备外出消费并参与社交活动的意愿与能力。百联曲阳购物中心具备发展银发经济的周边客群基础，根据客群特征进行相应的适老化改造势在必行。

基于实有人口数据，从细分年龄结构来看，曲阳路街道 60 岁及以上的老年群体年龄差异较大，需求具有差异化特征。其中，70 岁及以上居民占 19%，60 ~ 70 岁居民占 17%。70 岁及以上长者是历经变革的一代，经历过巨大的社会动荡与价值观变革的冲击，具有一定适应能力和对新鲜事物的接受力。在健康需求上，这一群体具有“广场舞阿姨”特征的标签，能够接受为兴趣爱好消费；而在消费习惯上，这一群体也具备保守型消费特征，对消费精打细算，乐于为后代储蓄积累，亦热衷于“薅羊毛”，价格敏感度较高。未来，这一群体将逐渐因自然生理规律而减少与社会面的接触，需要更多基于居家和社区养老的入户式服务，如助餐、助洁、助修等。60 ~ 70 岁长者在思想观念方面更加开放，更期待愉悦自我，重视社群价值，是银发社群营销、市场推广的目标客群。这一人群更愿意为娱乐型产品与服务付费，是发展银发经济的关键消费群体，其对实体商业经济效益的重要性将愈加明显。

同样值得注意的是，在曲阳路街道，50 ~ 60 岁居民的人口占实有人口的比例为 11%。这一群体在青少年时期受到改革开放后的观念影响，具有更前沿的消费观念，与目前的年轻一代具有更多共性。未来，随着这一“新老人”群体的年龄逐渐增长，这一群体有望成为银发市场不容忽视的新生力军。

在银发经济发展初期，有部分观点认为，老年群体消费能力相对较弱，凭借人口数量和占比认定银发市场具备增长潜力的逻辑并不成立。然而，通过上述分析可知，在人群结构上，老年人群的构成并非一成不变，其消费观念也正持续更新迭代。随着有些“70 后”已步入 50 岁，银发市场将迎来与当下年轻化消费趋势的进一步融合，面向中老年人开发特征性产品、提供特征性服务的经济收益值得重新评估。

2. 百联曲阳购物中心推动无龄感商业体建设情况

百联曲阳购物中心以六大举措作为无龄感商业体建设的抓手，包括场内适老化无障碍设施改造、顾客服务体系的适老化改造、无龄感商业体的商户共建、适老化商品和服务供给探索、跨年龄社群的文娱社交活动以及深入生活圈的线上线下联动推广。

（1）场内适老化无障碍设施改造

在基础设施方面，百联曲阳购物中心参考相关指导建议，以增强场内安全性和便利性为主要切入点，采取了一系列改造措施。首先，商场对公区休憩座椅进行了全面更换。新的座椅设计增加了带有扶手和靠背的、具有更好稳定性的休息座椅，在提供更好休息体验的同时兼顾长者起身时的便利性。其次，商场对部分有条件的卫生间加装了辅助杆等适老化装置，以改善长者的使用体验，并增强安全性，有助于长者在使用卫生间时保持平衡，减少跌倒的风险。同时，商场还在卫生间内增加了紧急情况一键呼叫器，确保长者在遇到紧急情况时能够及时得到帮助。最后，商场还加强了重要场内设施的导视系统。对于卫生间、电梯、无障碍便利设施等关键点位，商场在地面或墙壁上增设了专项导引导购指示标识，以简洁、醒目、易懂的文字和图像语言帮助长者快速找到所需的设施，增强了其在商场内的自在感和便利性。以上适老化无障碍设施的改造与增设能有效提升长者群体在商场中的体验感和舒适性，促进该客群来店频次的增加和在店时间的延长。

（2）顾客服务体系的适老化改造

在服务功能方面，围绕集团“百联用心服务，关爱触手可及”的Touch-Care服务品牌主张，百联曲阳购物中心从接待、急救、客诉三方面对顾客服务体系进行提升，培养人员对长者群体的接待服务能力、现场应急急救能力，并对客诉的应对模式进行优化。

首先，为提升对长者群体的接待服务的质量，商场结合专项培训与实践交流来增强人员与长者群体有效沟通的能力。通过组织专项课题的轮流培训，工作人员从学理视角了解了长者心理和需求；同时，现场服务与管理岗位的人员不定期进行实践经验的交流，以获得相关技巧实际应用的反馈，帮助改善服务质量。此外，在理论与实践相结合的基础上，根据现实情况的磨合，商场还形成了一套教案，将这些沟通技巧和经验推广给物业人员和商户员工，确保整个商场的服务团队都能够为长者提供更加贴心和专业的服务。通过这些措施，商场不仅提升了长者的购物体验，也展现了对老年消费群体的尊重和关怀。

其次，通过全覆盖、分时段的培训，工作人员具备应急状况的处理能力。应急救援状况下，商场配备自动体外除颤器（AED）、应急药品箱等基本硬件设备，而现场人员能够正确使用相关设备设施、提供及时的处置，将大大提升救援的成效。目前，百联曲阳购物中心已实现全员参与红十字会的AED、心肺复苏、气道梗阻处理的应急救援培训，参与商场配备的器材、药品的使用培训，并基本具备简单外伤处置和重症急救辅助知识。在现场人员调度安排上，管理模式以确保应急实操能力的全员覆盖为重点，确保在突发情况发生时现场始终有相应人员给予处置。保安、保洁及重点商户等都已纳入培训体系，并计划每年进行重新轮训，确保实际应用成效。

最后，在客诉处置方面，百联曲阳购物中心在传统的客诉处置模式之外另辟蹊径，优化长者群体体验。在加强员工相关法律法规学习的基础上，商场对于长者群体的投诉意见转变应对模式，加强资源投入，使客诉处置的核心目标回归银发人群的体验感。在面对银发人群的相关投诉意见时，商场以原则性方式处理重大问题，以灵活手段应对日常客诉。2024年起，百联曲阳购物中心采取设立“建议奖”的模式，若造成银发人群不便，即便商场并无相关处置案例或规章规程，都会将折扣券、小礼品等赠予建议提出人。这使得客诉处置跳出服务人员与顾客争是非、论对错的两难境地，既满足了特定群体的“求补偿”心理，又通过增加有限的资源投入减轻一线人员负担。根据处理经验，绝大部分客诉案例在新模式下都能够得到妥善解决。

（3）无龄感商业体的商户共建

购物中心为消费者提供服务，不仅需要依靠商场的战略规划与设计，更需要依靠商户的广泛参与来传递到顾客端。百联曲阳购物中心通过深入引导、资源共享互补等方式，联合商户进行无龄感商业体的共创共建。在具体实践中，商场曾采用场内增设饮水机的方式为老年人提供温水服务，后发现产生影响茶饮店客流的问题；同时，单点设置的饮水机需要银发人群在有饮水需求时在商场中寻找，并不完全便利。对此，在与条件合适、理念相近的商户沟通并达成合作共识后，通过由商户在店铺内提供饮用温水，并由商场设置醒目指示牌等方式为银发人群提供相应信息，通过双方协作成功解决这一问题。

协作经验推而广之，商场联合场内商户推出《长者友好公约》，列出长者友好服务具体内容，将无龄感商业体的建设理念贯彻到商户层级的服务工作中。目前，有诸多商户已实现配置老花镜、增设长者优先等候专座、温水供应等长者友好型改造升级。同时，商户员工接受商场相关培训，提升接待长者消费群体的专项技能。举例而言，《长者友好公约》约定，商户员工面对银发人群应主动提供服务，比如在餐饮店主动提供人工点单，并在结算时主动告知提供现金服务，为长者提供便利的消费环境。此外，商场鼓励商户共享长者友好设施设备，减少商户的重复建设，不同业态的商户可以充分利用自身资源优势进行互补和联建，形成共创氛围。

（4）适老化商品和服务供给探索

品牌结构方面，在《长者友好公约》共创体系基础上，商场与商户联合探索适合周边长者消费群体的商品和服务内容，持续从供给侧发力，促进探索无龄感商业体的价值落实转化为适合周边长者消费群体的商品和服务。商品方面，商场与大型商户联合，推出长者专项商品组合，包括健康食品、适老化食品等，并鼓励为长者群体提供专项优惠，如早晨非忙时优惠等，以提高老年群体的复购率。服务方面，商场通过提供改衣、助修、助医等服务，并解决带小孩的购物长者的托幼问题，为长者消费提供更多便利。商场在一楼设置常态化的便民服务角，为居民提供改衣、织补等服务（见图 2–3），将街头巷尾的日常服务整合为社区型商场的内置资源，为居民提供更多一站式便利。商场在二楼扶梯口处设置助医点，由专业医师为老年人提供医疗咨询服务（见图 2–4），为老年人解决简单而实际的健康需求问题，解答以血压状况、服药事宜等为主的医疗询问。商场在三楼提供“宝宝屋”免费托幼设施。上海市民每年可以通过“随申办”申请享受 12 次的免费托幼服务。带小孩的老年人在逛商场时可以选择将小孩送至“宝宝屋”，由专业护理人员托管照看，为老年人自由购物提供便利。

图2-3　常态化便民服务角的“巧手改衣坊”
资料来源：作者拍摄。

图2-4　百联曲阳购物中心设立的助医点
资料来源：作者拍摄。

与此同时，商场积极联络内外部资源，与政府部门和百联集团开展协作，为银发人群提供便捷的社区办事体验。商场增加可以在现场以及线上线下平台端解决的社区政务服务内容，如设立“一网通办”自助终端机，并安排员工进行操作辅助。商场还融合百联集团业态资源，加强百联通会员卡在曲阳路街道的功能承载，为老年人提供更便捷的一卡通服务。

（5）跨年龄社群的文娱社交活动

建设无龄感商业体的核心理念，是促进代际互动、增进长者的社会参与，并带动购物中心人气提升和功能多样化。在社交场景方面，百联曲阳购物中心积极组织志愿服务进社区的便民活动和面向长者居民的文体类活动，推动长者更多接触社会，增加跨年龄社群间互动，保持社区活力。

商场以“慧龄空间”作为实现跨代交流和社群建设的重要空间载体。在百联曲阳购物中心三楼，商场建设综合性实体交互空间，为老年人与儿童提供学习指导、阅读分享、游戏活动等综合服务。这一空间由国家开放大学教育基金会与国家开放大学出版传媒集团发起，为不同年龄层的人提供学习指导、阅读分享、手工制作、非遗体验、文化讲座等体验，丰富大家的生活。在与社会资源的合作共建下，商场提供场所、基金会提供资金、高校院所提供学术支持的模式具有可复制的推广意义。

与此同时，商场组织健康志愿服务等深入社区，解决长者日常生活痛点需求问题，提升整体社区便利化水平。此外，结合生活圈需求，商场大力支持承办“孝亲敬老”便民集市，不断丰富集市内容，拓宽参与维度，增进社区公共生活联结。集市由市慈善基金会和曲阳路街道出资主办，突出惠民、便民理念并坚持长期举办，为银发人群提供固定的大型社交与服务活动，取信于民，与社区深度融合。目前，集市已形成良好社会效应，场均参与规模超过 2000 人次。据上海都市频道《嘎讪胡》栏目组现场采访，有居民表示，每月 20 日举办的助老便民服务活动为长者群体提供免费修理家电、血压测量、剪头理发等服务，备受银发人群的喜爱与赞赏。

此外，商场积极举办家族共赏的银发文体展演活动，丰富长者群体的精神生活。商场组织社区长者居民在购物中心场地进行文艺类、体育类的业余演出、比赛活动，如“曲阳好声音”歌唱比赛等，为长者提供展示自己的舞台，同时邀请参赛者家族成员观看助威，为其提供联建商户的优惠套餐和折扣券等，辅助拓展商场的客群接触面。

（6）深入生活圈的线上线下联动推广

百联曲阳购物中心继续推动“社群小二”队伍建设，保持线下触达度和线上活跃度，经营社群力求会员留存，推动无龄感商业体等购物中心的各项活动效益提升。

研究表明，城市老年人每天使用手机的时间比全人群的平均时长更长，然而其关注的领域可能更加垂直、特定。通过网络工具进行面向银发人群的地面推广，有助于其打破“信息茧房”，获得更人性化、精细化的人工服务推荐。同时，百联曲阳购物中心打造的“社群小二”队伍不仅面向一线的营业人员，也鼓励后台人员通过平台积极参与，并通过提供补贴支持员工暂时离开原有岗位，参与营销活动的组织和执行。“社群小二”机制让所有人员都有机会参与服务过程中，以更好地理解和服务老年人的需求（见图 2–5）。

作为社区型商业体，百联曲阳购物中心充分结合便民服务、构建无龄感商业体的升级模式得到周边居民广泛认可，商圈流量在较高水

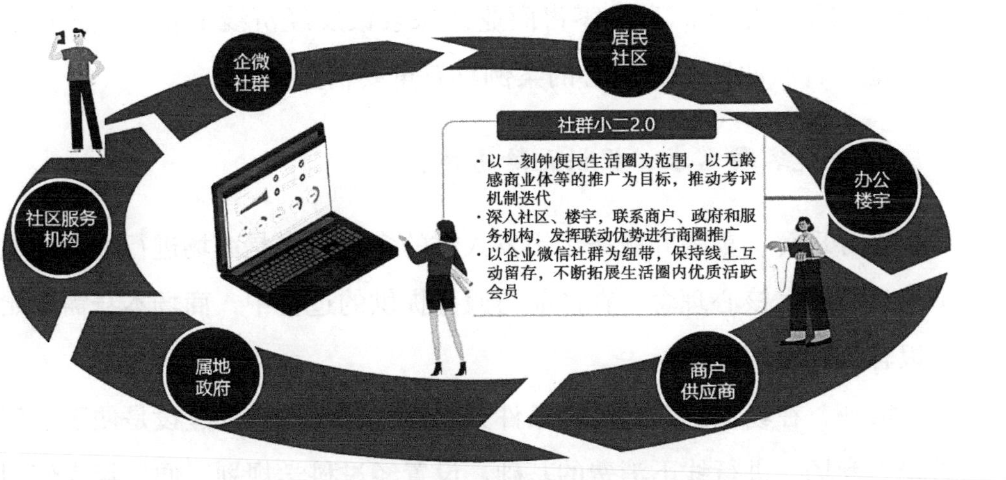

图 2-5 “社群小二”线上线下融合的服务模式

资料来源：百联集团。

平上保持稳定。据介绍，目前商圈的日均实际客流量约 3 万人，约合 12000 ~ 15000 人次。工作日客流主要集中于老年人群体，主要由来自社区周边范围内的居民组成。据上海市人民政府数据，曲阳路街道的常住人口为 10 万人，若纳入周边核心区域，潜在服务人群的总人口约为 16.5 万人，这包括周边商业办公楼的员工与三所大学的在校师生，即上海外国语大学、同济大学和复旦大学的在校人员。其中，近 10% 的人群会使用百联曲阳购物中心提供的服务，证明周边人群对其有较高接受度与认可度。

（四）经验及启示

百联股份在国家、各级政府与集团战略的统摄引领下，通过内外部资源整合，发扬可持续经营理念，积极拥抱银发经济新潮流，为银发经济的健康发展模式作出探索。百联曲阳购物中心建设无龄感商业体落实适老化改造的举措，既获得周边居民积极反馈，还得到众多新闻媒体的跟踪报道。身处零售商业体探索银发经济线下发展模式的前沿阵地，百联曲阳购物中心的案例具有重要借鉴意义。

1. 重视客群需求，提供无龄感体验

充分理解、重视并服务于银发人群的多元需求是商场进行适老化改造建设的一大核心理念。在产品与服务提供的过程中，商场本身需要始终以客群需求为导向。

第一，在场馆经营的硬件条件方面，无障碍设施的建设是便于老年人走入商场、进行线下消费的基础。设置经过科学规划以便老年人使用的休息座椅、在醒目处设立专项导引标识、对楼梯处及厕所等公共空间加装无障碍设施、配置 AED 与应急医疗箱等基础应急救援装置等，这一系列设施装配并不会产生过高经济成本，却有“四两拨千斤”的效果，显著提升银发人群的使用体验，为银发人群参与线下消费提供更优质、更便利的环境条件。

第二，顾客服务体系需要进行适老化改造，如员工对长者群体的接待服务能力、现场应急能力以及客诉处置能力的优化。通过专项培训与实践交流，员工可以从学理与经验的视角加深对银发人群的理解和共情，增强与银发人群有效沟通的能力。在条件成熟时，商场可以以教案形式将这些沟通技巧与经验向相关物业人员和入驻商户员工推广。特别地，在客诉处置方面，商场应以原则性方式处理重大问题，以符合银发人群心理的灵活手段应对日常客诉。百联曲阳购物中心设立“建议奖”的模式值得学习，使客诉处置从是非对错之论回归以客群满意度为中心，既减轻一线人员负担，又能妥善解决银发人群诉求。此外，紧急情况处置能力是人员培训的另一重点。通过全员覆盖的轮流培训，具备应急状况实操能力的一线人员将在突发应急情况下为包括银发人群在内的

全体顾客人身安全保驾护航。

值得注意的是，尽管设施与服务应面向银发人群作出改进，但是给予特殊关怀并不等于抱有偏见的另眼相待。如本案例所述，在观念上，应将银发人群视作顾客群体的一分子，而非另一种顾客群体；应将适老化建设的举措视作对原有商业模式未能覆盖的群体需求进行补充，而非视作服务的扩展与增加。将银发人群视作商场客群的一部分，提供基于特别需求的无障碍服务，是让老年人回归社会、增强社会参与感的重要途径，也是商业与社会环境和谐包容的重要体现。

2. 加强资源整合，推动各方深入合作

商业体适老化建设的规划并非一成不变，实践中需要多方共同合作努力。持续加强资源整合，积极运用旗下商户、集团资源、社会力量一同为银发顾客提供健康、便利、舒适的购物体验是百联曲阳购物中心打造无龄感商业体的宝贵经验。

首先，结合第一点建议，即以顾客需求为本提供服务，商户与商场应当携起手来，共创共建长者友好型环境。基于周边经济条件与客群需求，商场应当引入相关服务商户，通过补齐供给缺口实现引流与变现。举例而言，在缺失菜场、食堂等便民服务的周边社区，商场可进行相关商户的招商，或与现有商户达成协议，提供相关便民服务，增加客流量与变现可能。商场可以设置常态化的便民服务角，为居民提供修补等日常服务，将街头巷尾的服务内容整合为内置资源，为居民提供更多一站式便利。而针对老年人的健康需求，商场既可以联合商户提供温水服务以满足老年人服药需求，又可以通过增设免费血压测量等方式提供服务，还可以联合周边医疗机构设立医疗咨询点，既为优质的医疗机构提供曝光渠道，又以低成本获客，实现双赢。

其次，在常态化的设施与空间升级方面，商户应积极整合资源，联合各方力量进行适老化建设。举例而言，商场可以与周边乃至品牌类托幼机构联合设立“宝宝屋”式的托幼设施，让带小孩的老年人在逛商场时可以选择托幼服务，为老年人自由购物提供方便。在公共空间建设上，商场可以进一步引入社会资源，成为银发友好空间的线下载体，实现引流。若作为集团成员，商场则有机会调动集团业态资源，扎实推进集团的银发经济战略，实现资源的有效拓展与共享，提供更多集团式便利，持续增强客户黏性。

再次，社区型的商业购物中心亦有作为社区联结核心的重要作用。商场可以与基层政府展开协作，在商场内增设辅助解决社区政务的终端平台与服务内容，为周边居民提供便捷的社区办事体验。同时，通过整合社区街道资源、周边医药资源及老年协会资源等，商场可以定期开展各类公益关爱活动，为银发人群提供能够满足健康需求的固定场所。这些举措将促进商业体与社区的绑定融合，成为社区的连接中心。

最后，在数字技术迅猛发展的当下，商业体同样应当注重线上线下的平台资源整合，促成线下客流与线上流量的相互转化，提升内部消化能力，如通过经营社群提升线下触达度和线上活跃度。商业体需要深入探讨工作机制，根据实际情况、依据现有资源进行合理衔接，构建线上线下融合生态，发挥网络效应和平台作用，逐步建立“线下＋线上”融合发展模式，巩固商业体的适老化改造成果。

3. 坚持长期主义，形成长效发展机制

商业体进行适老化改造并非一日之功，不仅需要资源投入，更需要

坚持长期主义，为银发人群提供持续友好的社会商业环境，并成为商业体可持续发展的长效动力。

商业体举办面向银发人群的文娱社交或公益慈善活动应长期坚持，不能是“上顿不接下顿”。偶发活动尽管能实现客流量的短期提升，然而资源投入未能形成长期效应。定期举办相应活动，能够获得银发人群的持续关注，并在形成稳定机制后持续引流，摊销前期投入的获客成本，长期减少其他渠道的营销成本，显著增强客户黏性。同时，通过商业设施和不同业态联动，长期坚持为银发人群提供友好的社交场景和慈善活动，能够促进长者群体回归社会，激发银发人群线下活动意愿，满足银发人群精神慰藉需求，促进银发人群的生理与心理健康，乃至节约医疗领域与社区范围内的长者照护成本。

同时，商业体进行适老化改造需要综合考虑长期发展成效，不能是因为“领导一拍脑袋”，更不能是为了冲刺短期业绩。前期缺乏周全考虑的规划将增加落地执行难度与改造成本，更挤压未来进一步适老化改造的空间。商业体的适老化改造要注重利用现有资源，不应盲目追寻“高科技”“数字化”等前沿热点，而造成资源浪费，应时刻牢记从银发人群需求出发的发展理念，不能脱离社会实际需求。

长期主义还应体现在商业体进行适老化改造的动态投入和创新上。随着银发人群结构与需求的演进，商业体应不断评估并更新其适老化策略，以确保其服务满足动态变化的银发客群需求。持续改进和创新能够使商业体始终贴合市场需求，形成差异化的产品与服务壁垒，保持可持续的长期竞争力。

当前，老龄产业与事业发展步调加快，银发经济潜力巨大、蓝海广阔。随着市场空间逐渐开辟、竞争业态愈加充分，市场将为银发人群的需求提供定位更精准、选择更多元的解决方案。在此背景下，商业体进行适老化改造不仅是对银发人群需求的积极响应，也是对未来长期发展趋势的前瞻投资，更是推动社会公平、健康、可持续发展的重要举措。

百联曲阳购物中心以设施硬件和产服销软件的适老化建设为抓手，多措并举，建设无年龄障碍且具有强生活方式体验的无龄感商业体，为国内商业体探索长者友好型商场、进行适老化改造提供了宝贵的实践经验与认知指引。其实践不仅提供了可推广、可复制的适老化发展范式，更通过客群的无龄感体验、坚持长期主义的前瞻认知引领转型并巩固成果，推动跨年龄社群的顾客共同乐享银龄，保持社区活力。

进行案例推广时，需注重商业体适老化改造实践的先行先试或典型案例的宣传效应，并加强各商业实体间的经验交流和协作，互相取长补短，实现银发经济健康均衡发展，推动优质实践成果在更大范围内共享共建。同时，需要注意因地制宜，将案例的先进理念和实践经验与商业体面临的周边实际情况紧密结合，调整和完善适合当地的解决方案，让银发人群真正享受贴合需求的发展成果。

案例五　推动安全舒适与智能化的居家适老化改造*

国家卫生健康委 2021 年披露的信息显示，我国大多数老年人选择居家或社区养老，形成“9073”的格局：90% 左右的老年人居家养老，

* 作者为复旦大学外国语言文学学院任冰邑和复旦大学社会发展与公共政策学院晏艺航。

7%左右的老年人依托社区支持养老，3%的老年人入住机构养老。然而，传统居家环境普遍存在安全隐患，部分老旧小区缺乏无障碍设施，跌倒、突发疾病等风险成为老年人居家养老的“隐形威胁”。与此同时，独居、空巢老人规模的持续提升，家庭小型化趋势加剧了照护压力，传统“家庭养老”功能逐渐弱化，亟须通过环境改造实现“主动防护”。

政策层面，《“十四五”国家老龄事业发展和养老服务体系规划》明确提出重点开发适老化家电、家具、洗浴装置、坐便器、厨房用品等日用产品以及智能轮椅、生物力学拐杖等辅助产品，并鼓励有条件的地方对经济困难的失能、残疾、高龄等老年人家庭实施无障碍和适老化改造，多地政府将适老化改造纳入民生工程。以上海为例，《上海市民政局关于全面推进本市居家环境适老化改造工作的通知》提出在上海全市范围全面推进适老化改造工作，并形成包括基础产品服务包、专项产品服务包和个性化产品服务包在内的不同类型服务。社会需求与政策导向双重驱动下，居家适老化逐渐从“可选项”变为“必选项”。

技术层面，科技发展为适老化改造注入新动能。毫米波雷达、非接触式监测等技术的成熟，使安全防护从“被动监护”转向“主动预警”，兼顾隐私保护与精准性。智能家居与适老化设计的融合，则推动养老模式向“科技赋能”升级。例如，智能马桶、防滑地面等改造，使老年人居家独立生活能力大幅提升。当前，居家适老化改造已超越单纯的物理空间优化，成为关乎社会公平、家庭幸福与产业转型的系统性工程，是应对人口老龄化挑战的关键民生举措。

（一）案例背景

1. 好美家企业概况

好美家成立于1998年，是百联集团旗下专注于装饰建材零售与家居服务的国有企业。作为上海建材家居零售领域的标杆企业，其业务涵盖连锁建材卖场运营、全屋定制服务、智能家居解决方案及家装设计施工等全产业链服务，旗下拥有数十家大型实体卖场和线上线下一体化服务平台，服务网络覆盖长三角地区，累计服务超百万户家庭。

近年来，面对老龄化社会需求，好美家深刻地感知到银发人群对家居更新的需求，公司提前规划布局，积极投身服务银发人群的事业，推出了一系列适老化改造装修项目，提升老年人居家养老的生活品质。好美家适老化改造覆盖的项目齐全，从辅助助力器械安装套餐、涂刷服务到厨卫阳台局部装修和整体装修服务，在卫生间、厨房、客厅、餐厅、房间的局部区域内，通过适老化改造有效提高老年人日常生活的安全性、便利性、预防性和智能化水平。好美家的适老化改造与原有的居住环境融合，套餐产品选用绿色环保材料，高质耐用，解决了居家养老的痛点问题。

2. 上海市居家适老化改造现状

上海人口老龄化程度较高，独居老年人口占该市老年人口的比例过半。根据2024年上海市公安局实有人口数据，全市60岁及以上老年人口超过670万人、占比达26.0%。2024年末，全国60岁及以上老年人口占比为22.0%，上海人口老龄化程度显著高于全国水平。上海老年人口中，户籍老年人口为582万人，其中1人独居的老年人占比为

12.3%，双独居老年人口（两人均为户籍人口）占比为38.6%；来沪老年人口90万人，其中1人独居老年人口占比为9.2%，双独居老年人口（两人均为来沪人口）占比为14.3%。

上海适老化改造投入大，但任务仍然繁重。2024年数据显示，全市有人居住房屋数量为1046.7万套，其中有老人居住房屋数达419.8万套，包含仅1位老人独居房屋80.1万套、双老人独居房屋120.1万套，独居老人居住房屋数在有老人居住房屋数中占比接近50%。因此，每年2000万元的市级补贴难以使得全市每位老人都享受到适老化的居家环境，亟须加快引入市场化机制。

各区适老化改造面临不同形势。按照有老人居住房屋数算，浦东新区户数最多，达到91.1万户，闵行区、宝山区随后，分别为39.5万户和37.8万户，嘉定区、普陀区、杨浦区、松江区、徐汇区和静安区均超过20万户。目前各区也已纷纷试水适老化改造，例如，2024年金山区居家环境适老化改造任务指标为100户，虹口区对符合要求的家庭提供补贴的最高额度为3000元，崇明区2023年已完成1827户低保老人家庭居家环境适老化改造。

（二）实践目标及规划

好美家集团紧扣“科技赋能”与“合作拓展”两大核心方向，通过创新技术与资源整合，构建智能化、普惠化的适老化服务体系。

一方面，好美家针对老年人生理特点与生活习惯，创新“乐龄美家适老化体系”，打造三大核心智能系统：一是“巧思—乐装”系统，专注硬装适老化设计，如全平地坪无障碍通道、10度倾斜防跌倒梳理柜镜面等，降低老年人行动中多发的风险；二是“巧护—智能”系统，运用集成毫米波雷达、人工智能行为感知等技术，实时监测老年人呼吸频率、心率等数据，而跌倒识别系统可第一时间触发警报并联动智能网关，兼顾隐私保护与安全保障；三是“巧舒—舒适”系统，通过环境香氛、软装优化提升居住舒适度，例如，选用天然香氛调节情绪，搭配可调节色温照明改善睡眠质量。“乐龄美家适老化体系”覆盖硬装、智能设备、环境优化三大维度，提供从局部改造到整体装修的多层次服务，能够满足老年群体的个性化需求。

另一方面，好美家积极参与“乐龄申城·早上海”项目，深入社区拓展合作领域。自 2023 年以来，上海市委老干部局联合上海市志愿服务公益基金会等多家单位开展了“乐龄申城·早上海”志愿服务活动，该活动旨在积极传播“从早出发、尽早行动”的“早上海”理念，以志愿服务为牵引，共同激活老年群体学习、健身、文旅、科普、社交、消费等服务场景，打造志愿服务新品牌、为老服务新平台，助力培育银发经济发展新动能。

作为上海市民政适老化平台首批合作企业，好美家通过“乐龄申城·早上海”公益项目深入社区，不仅通过需求共创，基于社区调研了解和收集老年人对无障碍动线、储物空间等的需求，从而反向优化产品设计，而且通过将好美家斜土路体验店打造为“银发宜居智慧体验中心”，辐射周边社区，成为展示适老化技术与服务的标杆。

通过“科技赋能”与“合作拓展”双轮驱动，好美家不仅实现了适老化服务的品质升级，推动居家养老从“适老”向“尊老”转化，而且以社区渗透突破服务规模瓶颈，为银发经济高质量发展提供了国企样本。

（三）主要做法及成效

1. 加强科技赋能，提升老年群体居家生活品质

斜土路街道位于徐汇区东部，面积 3.18 平方公里，截至 2023 年，实有人口中 65 岁及以上老年人口占比为 27.4%，人口老龄化率相对较高。为积极服务居民的全屋适老化改造需求，好美家斜土路体验店经过半年多的调整后焕新启幕，对装修体验、设计服务、家具零售进行整合，提供专业的一站式服务。

（1）建立数字化的智能体验场馆

场馆陈设方面，好美家斜土路体验店通过“全链路数字化”实现了设计、展示的智能化交互，融入适老化元素。这种 720 度全景设计展示技术，构建了沉浸式的智慧场景，让客户能够直观体验到改造后的居家环境。这种数字化手段的应用，不仅提升了设计展示的效率和效果，也使得客户能够更清晰地理解和想象最终的家装效果。通过植入数字化场景，门店引入并汇集后端家居优质资源，以精准匹配不同客户需求，形成完整的家居服务链。

好美家斜土路体验店结合其区位特性，围绕助力消费升级和邻里生活服务，打造银发宜居智慧体验中心，为银发人群提供无障碍的友好家居体验。

（2）开发创新性的适老化家居解决方案

好美家斜土路体验店围绕银发宜居品质提升需求，开发“乐龄美家适老化体系”，在深入研究老年人的生活习惯和身体特点后，推出了一系列创新的适老化家居解决方案，涵盖了硬装设计、智能监测以及环境优化等方面；基于居家生活不同空间，集合软硬装、人工智能、环境香氛等分别形成“巧思—乐装”“巧护—智能”“巧舒—舒适”三大系统。

好美家的智能化家装方案升级匹配，运用智能感知技术及养老服务系统，实现了智慧生活养老、科技助老的生活方式。这种智能化的系统能够取代以往的视频监控，使得老年人和子女借助数字化的信息而非监控画面了解老年人实时健康状况与活动情况，采用非接触式监测，既获取了准确的身体健康信息，又能够保护老年人的隐私，不仅提高了居家生活的便捷性，也为老年人提供了更加个性化和精准的家居服务，保障老年人的主体性。“乐龄美家适老化体系”的推出，是好美家在适老化产品创新上的里程碑，它满足了老年人对安全、舒适居家环境的需求，也展现了好美家对社会责任的承担和对未来居家生活方式的探索。通过这些创新，好美家为银发人群打造了一个更加人性化、智能化的居家生活空间，引领了适老化家装服务的新趋势。

综合解决方案能够根据老年人的具体需求，提供从局部改造到整体装修的多种选择，包括辅助助力器械安装、涂刷服务、厨卫阳台局部装修等。产品的选用注重绿色环保和高质耐用，确保了居家环境的可持续性和健康性。“巧思—乐装”系统专注于硬装设计，从老年人的视角出发，实现了全平地坪无障碍设计，确保轮椅和行动不便的老年人能够自由移动。地柜悬空和10度倾斜的防跌倒梳理柜镜面设计，不仅方便了老年人的日常使用，更减少了跌倒的风险；对这些细节的考量，展现了好美家在适老化设计上的深入思考和周到服务。“巧护—智能”系统通过集成人工智能技术，实现了对老年人睡眠质量、呼吸频率和活动能力的实时监测。同时，采用毫米波雷达技术，通过行为感知和深度学习用户的行为模式，精准捕捉老年人的生理数据，如呼吸频率、心率等，实现了对老年人健康状况的实时监控；跌倒识别系统能够及时预判跌倒风险，并通过智能网关连接到天元系列产品，全天监测异常情况，采取多种方式告警，为老年人提供了额外的安全保障。此外，好美家还提供了

SOS 呼叫系统，使得老年人在紧急情况下能够快速获得帮助。这些智能技术的运用，不仅提高了居家安全性，也让老年人的子女更加安心。“巧舒—舒适”系统则通过环境香氛等软装饰，提升了居家的舒适度和宜居性。好美家认识到，一个舒适的居住环境对于老年人的身心健康至关重要。通过精心挑选的香氛和软装饰，好美家为老年人营造了更加宜人的居住氛围。

通过科技赋能，好美家成功地将传统家装服务转变为一种智能化、个性化的现代生活体验，为银发经济的高质量发展贡献了重要力量。好美家在适老化产品创新上的探索，也展现了其对银发经济的深刻洞察和积极响应。

2. 广泛开展合作，覆盖更大规模客群

好美家作为综合服务商正式进入民政适老化平台，为街道社区提供更好的适老化服务，与“乐龄申城·早上海”等公益项目合作，推广适老化家居改造套餐，提供公益服务。通过走进上海街镇社区，好美家不仅为老年人打造了高品质的生活，也展现了企业的社会责任和对老龄化社会挑战的积极应对能力。作为“乐龄申城·早上海”首批支持单位之一，好美家跟随“乐龄申城·早上海”社区推广活动，走进上海各街镇社区。好美家不仅推广了适老化家居改造的理念，也实地了解了老年人的生活需求和期望，对产品和服务的设计和迭代有了更为明确的方向。

好美家的社区融合实践不仅限于提供服务，更通过实际行动参与到社区建设和改造中。公司推出的适老化改造装修项目，覆盖了辅助助力器械安装套餐、涂刷服务、厨卫阳台局部装修和整体装修服务，有效提高了老年人日常生活的安全性、便利性、预防性和智能化水平。

通过上述活动，好美家展现了其在社区融合与公益服务上的坚定承诺和实际行动，不仅为老年人提供了高质量的家装服务，还通过深入社区、联合公益组织、推出适老化产品套餐等方式，积极参与到社区建设和老年人服务中，为构建一个更加友好、便利的老年生活环境作出了积极贡献。这些实践不仅提升了好美家的品牌影响力，也为整个家装行业树立了服务社区、回馈社会的典范。

3. 对接金融服务，减轻消费者资金压力

为了更好地为民办实事，提高老年人的生活质量和幸福感，解决适老化改建过程中的资金问题，好美家积极对接中国建设银行上海市分行，合作打造适老化分期产品。

该产品有以下几个特点：一是服务便捷，通过提供一对一上门服务，让老年客户足不出户就能完成申请；二是申用分离，针对老年客户实际情况，除了本人申请，还允许子女替父母申请，用于父母居家环境的适老化改造；三是使用起点低，最低 5000 元就可申请，方便用于各种适老化改造产品；四是还款灵活且费率低，好美家为消费者提供首年免息，最大程度降低产品用户的还款压力；五是审批快速、额度高，最快 T+0 日放款，最高 100 万元额度，可覆盖用户的各类改造需求。得益于该产品的便利与灵活，一经推出就受到消费者的好评，也有效带动了好美家的适老化产品销售。

与此同时，好美家携手中国建设银行上海市分行走进社区、走进街道、走进商圈，以“百家集荟”银发主题便民服务市集模式开展活动。活动现场，好美家提供适老化改造方案咨询，中国建设银行上海市分行提供适老化分期产品，双方联手实现一条龙服务，充分撬动居家适老化改造的消费需求。

（四）经验及启示

1. 持续推动科技创新，实现需求精准对接

好美家以科技创新为核心，通过数字化技术应用与适老化服务体系创新，精准对接老年群体居家养老需求。好美家斜土路体验店通过“全链路数字化”升级，打造沉浸式智慧场景，720度的全景设计技术让客户可以直观预览改造效果，减少沟通误差；数字化需求数据库分析老年人对无障碍动线、智能监测等偏好的差异，实现方案定制化；而其推出的“乐龄美家适老化体系”，以乐装、智能、舒适三大维度形成三大系统，全面满足了老年人居家适老化改造过程中的具体需求。

2. 积极融入社区服务，推广居家适老化新理念

好美家以社区为切入点，通过“公益服务+需求共创”模式推广居家适老化理念，形成可复制的社区融合经验。通过联合街道、物业共建适老化示范项目，将家装服务嵌入社区治理链条，实现“改造一户、带动一片”的辐射效应。与此同时，其建立起“社区调研—方案试点—反馈优化”的实践闭环，实现需求导向的迭代机制，有效将消费者的需求转化为自身的产品与服务优势，并在此过程中持续提升品牌影响力。

3. 建立多方合作机制，实现多方利益共赢

好美家通过与金融机构、社区主体等多方协作，构建“金融工具+社区场景”的合作生态，实现企业、消费者、社会的三方共赢。其联合中国建设银行上海市分行推出适老化分期产品，通过五大核心设计实现普惠覆盖，破解消费者的资金难题，撬动更大规模银发消费市场；而其与街道、商圈共建的“百家集荟”银发主题便民服务市集，

则通过一站式服务的方式，在简化服务流程的同时，实现了产品推介的精准触达。好美家所构建的企业降本增效、居民获得感提升、社会资源优化配置的共赢生态，为居家适老化改造提供了可复制的跨行业协作范式。

第三章

银发消费国际经验

案例一 美国劳氏家装推动产品服务适老化转型与升级*

全球化和人口老龄化推动了家居市场的变革，老年人口增长和对家居安全舒适的关注促进了市场需求。世界第二大室内装饰材料零售商劳氏（Lowe's）近年来进军居家适老化改造市场，推出“宜居之家”项目，致力于打造居家适老化改造一站式服务。新冠疫情进一步增加了适老化家居改造的需求。美国购房热潮和老年人口增长为家装市场带来新机遇和新挑战。Lowe's 通过适老化布局策略，满足老年人对安全舒适居住环境的需求，体现了其对市场变化的敏感性和创新能力。本案例将分析 Lowe's 适老化布局的背景、措施、市场反馈等，评估其产品和服务创新、技术进步，并探讨其经验对中国市场的启示。

（一）案例背景

Lowe's 在产品和服务方面适老化布局的形成，主要受到外部市场环境变化和内部业务发展需求的双重驱动。

---

* 作者为复旦大学国际关系与公共事务学院赵日和复旦大学社会发展与公共政策学院杨飞扬。

1. 外部市场环境变化

一方面，随着居家办公的普及和新冠疫情背景下居家时间的延长，人们对家庭环境的关注度大幅上升。尤其对于行动不便的老年人群体而言，他们对居家环境的安全性具有更高的需求，这一趋势显著提升了对适老化改造的需求，以确保老年人在居家环境中的安全与舒适。

另一方面，美国的老年人口不断增长，这一趋势对家装市场提出了新的挑战和机遇。美国人口普查局数据显示，2020 年美国 65 岁及以上老年人口数量为 5479.6 万人，占总人口的 17%，预计到 2030 年，这一数字将增长至 7400 万人。老年人的居住需求和生活方式正在发生变化，他们希望在居住环境中获得更多的便利和安全保障。适老化改造市场因此呈现出广阔的发展潜力。Lowe’s 认识到老年人对居家环境需求的转变趋势，并将适老化布局作为其战略重点之一，以满足这一庞大且日益增长的市场需求。

2. 内部业务发展需求

在美国家庭装修零售市场，Lowe’s 正面临来自主要对手家得宝（Home Depot）的严峻竞争。据天风证券的研究，2020 年美国家庭装修零售渠道的市场份额情况显示，Home Depot 的销售额显著高于 Lowe’s，其对 B 端市场的销售占比约为 45%，而 Lowe’s 的 B 端市场销售占比则为 20% ~ 25%。同年，Home Depot 推出了针对居家适老化改造的战略，并与专注于助行器、电动轮椅等产品及服务的美国国家座椅和移动中心（National Seating & Mobility，聚焦助行器、电动轮椅等产品与相关服务）合作，启动了独立生活（Independent

Living）项目。Home Depot 在适老化改造领域的战略部署及其市场活动，迫使 Lowe's 必须采取积极的应对措施以维持其市场竞争力。为此，Lowe's 制定了适老化改造战略，并付诸实施，旨在提高市场份额并巩固其在家庭装修领域的领导地位。这种竞争压力促使 Lowe's 在适老化产品和服务方面进行创新和优化，以应对市场的挑战和变化。

一是服务优化升级。为了提升客户体验和品牌形象，Lowe's 必须不断优化其服务内容。适老化改造作为服务升级的重要方向，不仅能够提升顾客的满意度，也能够增强品牌的市场竞争力。通过提供综合性的适老化改造服务，Lowe's 致力于满足老年消费者的需求，进一步拓展市场份额。这种服务优化和升级是 Lowe's 在家装行业内保持领先地位的关键战略之一。

二是加强内部创新驱动。Lowe's 的适老化布局还受到内部创新驱动的影响。Lowe's 的首席执行官马文·埃里森（Marvin Ellison）在为父亲寻找适老化改造产品时的亲身经历，激发了 Lowe's 对适老化改造市场的关注和投入。这一内部动因促使 Lowe's 将适老化改造作为业务发展的新方向，并在其战略规划中占据重要位置。通过将个人经历与业务需求相结合，Lowe's 能够更加精准地定位市场需求并制定相应的业务策略。

综上，Lowe's 的适老化布局是在新冠疫情的影响、老年人口的增长的外部市场环境变化，以及与 Home Depot 的竞争、服务优化升级、内部创新驱动的业务发展需求的多重推动下形成的。这些内外部因素的共同作用，促使 Lowe's 在适老化改造领域采取积极布局，以应对市场挑战，把握业务增长机会。

（二）实践目标及规划

在美国市场，Lowe's 在探索适老化改造时遇到了多重障碍。不仅在市场认知方面，家庭适老化改造的概念尚未深入人心，消费者对这类产品及其重要性知之甚少；而且产品对技术投入、生产能力、安全性等方面也提出了更高的要求，服务方面也需要基于老年消费习惯进行适当调整。

为有效推进企业的转型，Lowe's 加大市场推广与教育力度，旨在增强消费者对适老化改造的认知与接纳程度。Lowe's 还面临着来自市场既有竞争者的激烈竞争，已存在多家大型家居装修零售商涉足适老化改造领域，Lowe's 需在这一竞争环境中确立自身独特的市场定位。这既要求 Lowe's 明确竞争优势，也需制定有效的市场策略，以吸引并保留客户。

针对适老化产品，老年人群体的需求具有高度的多样性，Lowe's 需研发并提供符合不同老年人需求的定制化产品与服务，这一过程涉及复杂的设计与生产流程，考验着 Lowe's 的技术支持与生产能力；适老化产品需遵循特定的安全与健康标准，Lowe's 需确保产品符合这些要求；同时，Lowe's 还需加强与监管机构合作，推动行业标准的制定与更新，以保障产品的合规性与市场竞争力。

针对适老化服务，Lowe's 需对零售模式进行创新以吸引老年消费者，为打造更为便捷与个性化的购物体验，将涵盖线上线下渠道的融合、提供专业咨询以及优化购买流程等方面。适老化改造往往需要较高的初期投入，而部分老年人可能面临经济压力，因此 Lowe's 还需探索如何让产品与服务更加经济实惠，以扩大老年消费群体的覆盖面。

（三）主要做法及成效

Lowe's 作为美国领先的家居改善零售商，已经在适老化市场中树立了显著的品牌形象。Lowe's 针对老年消费者的需求，采取了一系列详细而周密的措施，从产品多样性、服务优化到技术创新、社会责任，均体现了对老年人居家需求的深刻理解和对市场趋势的敏锐把握。

1. 产品与服务的优化

（1）产品的多元化与定制化

Lowe's 在适老化改造产品的多元化方面作出了重要的努力，其产品涵盖了从浴室、厨房到起居室的各个方面，以满足不同生活场景中的老年人需求。

在浴室改造方面，Lowe's 提供了一系列专门设计的适老化硬件，以提升安全性和舒适性，包括防滑地板、无障碍淋浴、加高马桶以及扶手等。防滑地板，如 Durable Vinyl Plank（耐用乙烯基木板）系列，具备良好的耐磨性和防滑性能，价格为每平方英尺[①] 2.5 ~ 4 美元，无障碍淋浴系统，例如科勒（Kohler）的 Walk-In Shower（步入式淋浴间），集成了安全扶手和防滑地面，价格从 2500 美元到 5000 美元不等。这些改造产品旨在最大程度地降低老年人摔倒的风险，提高其在浴室中的安全性和舒适性。

在厨房改造方面，Lowe's 提供了可调节高度的橱柜、嵌入式洗碗槽以及易于抓握的厨房用具。可调节高度的橱柜可以根据用户的需求进行调整，适合不同身高的老年人使用，其价格为 1200 ~ 3000 美元。嵌入

① 1 平方英尺 =0.09 平方米。

式洗碗槽使得台面整理和清洁更方便，价格通常为 150 ~ 300 美元。易于抓握的厨房用具，如 OXO Good Grips（好易握）系列，其单件价格为 10 ~ 30 美元，设计上考虑了老年人的握持舒适性和操作便利性。

在起居室改造方面，Lowe's 提供了无障碍入口、舒适座椅以及易于操作的窗帘系统。舒适座椅如 Recliner（可躺式）椅，价格为 300 ~ 800 美元，设计上关注了老年人的身体支撑和舒适需求。易于操作的窗帘系统，如自动窗帘，价格为 40 ~ 100 美元，通过电动系统，可以方便地进行窗帘开合操作。

除了标准化产品，Lowe's 还通过个性化服务满足老年消费者的特殊需求。Lowe's 提供的线上评估和定制化服务使得每位消费者都能够获得有针对性的解决方案。消费者可以通过 Lowe's 的线上平台进行评估，提交房间的详细信息和现有设施状况。根据这些信息，专业设计师会提供个性化的产品推荐和改造方案。例如，通过 Lowe's 的虚拟家居规划工具 Room Designer（房间设计师），用户可以上传房间的照片，并进行虚拟改造，查看不同产品和布局的效果，从而作出更加明智的决策。

（2）服务流程的简化与优化

Lowe's 在服务流程的简化和优化方面同样作出了重要改进，旨在为消费者提供更加便捷的服务体验。Lowe's 通过线上平台和专业服务，提升了消费者的满意度和便利性。

首先，Lowe's 通过其线上平台实现了家庭评估和预约服务的简化。消费者可以在 Lowe's 官网上使用线上评估工具，输入房间尺寸、现有设施信息及改造需求。该工具能够快速生成初步的改造建议和预算估算，节省了传统线下评估所需的时间和精力。此外，Lowe's 的预约系统支持 7 × 24 小时在线预约服务，消费者可以选择最适合的时间安排家庭评估和安装服务，避免了传统服务中常见的时间冲突和排队等待问题。

在安装和维护服务方面，Lowe’s 提供了全面的专业支持。Lowe’s 承诺所有适老化改造产品的安装均由经过培训的专业人员完成，确保安装符合安全标准和使用要求。例如，防滑地板的安装需要特别注意接缝和边缘的处理，以避免滑动和脱落。Lowe’s 的专业安装团队会在每一步安装过程中进行严格检查，确保最终效果符合预期。同时，Lowe’s 还提供定期的维护服务，包括产品的检查、清洁和维修，以保障适老化产品的长期使用效果。例如，对于智能家居设备，Lowe’s 提供定期的软件更新和系统检查服务，确保设备的稳定性和功能完整性。

2. 加大技术创新投入

在技术创新方面，Lowe’s 展示了其在适老化市场中的领先地位。Lowe’s 通过引入先进的技术手段，提升了消费者的购物体验和产品使用效果。Lowe’s 推出的 Measure Your Space（空间测量）系统是一项重要的技术创新。这一系统利用增强现实（AR）技术，允许消费者通过智能手机测量房间尺寸、估算地板成本，并查看不同地板选项的虚拟效果。消费者可以使用该系统在实际环境中预览地板的外观，确保选购的地板与房间的风格和布局相匹配。这项技术不仅简化了产品选购过程，还提升了消费者的购物体验，使他们能够在购买前更好地了解产品的实际使用效果。

此外，Lowe’s 还在智能家居产品方面取得了显著进展。Lowe’s 提供了各种智能家居设备，如智能照明、安全监控系统和智能温控设备，以满足老年消费者对家庭自动化的需求。智能照明产品，如 Philips Hue 系列，允许用户通过手机或语音控制调节灯光，提供了更高的便利性和舒适性。安全监控系统，如 Nest Cam（电池供电的无线室外智能家居安防摄像头），提供全天候监控和远程访问功能，帮助老年人实时监控家庭安全状况。这些智能家居产品不仅提升了家庭的安全性，还方便了老年人对家庭环境的管理。

3．多方合作促进企业品牌口碑提升

（1）与协会加强合作

Lowe's 与美国退休人员协会（American Association of Retired Persons，AARP）的合作是其适老化布局中的一个重要组成部分。通过这一合作，Lowe's 不仅提升了员工的专业技能，还在市场教育和推广方面取得了显著成效。

Lowe's 的员工接受 AARP 提供的适老化改造实用技能和信息培训，这些培训内容涵盖了适老化改造的最新行业标准和技术，如如何正确安装无障碍设施、如何评估老年人的特殊需求等。AARP 提供的培训课程包括现场培训和在线学习，确保每位员工都能够掌握适老化改造的实用技能。此外，培训还包括客户沟通技巧，以帮助员工更好地理解和满足老年客户的需求。通过这一系列培训，Lowe's 的员工在适老化改造领域的专业能力得到了显著提升，从而更有效地服务于老年消费者。

在市场教育和推广方面，Lowe's 与 AARP 的合作也取得了显著成效。Lowe's 通过组织社区讲座、在线研讨会和宣传活动，向老年消费者普及适老化改造的知识和好处。这些活动不仅提高了老年消费者对适老化改造的认识，也推动了市场对相关产品和服务的接受度。例如，Lowe's 与 AARP 合作举办的安全家居讲座在全国范围内吸引了大量老年消费者参加，通过详细讲解适老化改造的关键要点和实用技巧，帮助他们了解如何提升家庭的安全性和舒适性。

（2）践行社会责任与塑造积极品牌形象

Lowe's 在社会责任和品牌形象塑造方面也作出了积极贡献。Lowe's

通过参与社区服务和公益项目，展示了其对社会的承诺和责任感。Lowe's 向华盛顿的多个当地人居组织捐款，并参与社区房屋适老化改造项目。这些捐款和改造项目旨在帮助低收入家庭进行适老化改造，为其提供更加安全和舒适的居住环境。例如，Lowe's 向华盛顿的 13 个社区组织捐款，用于支持当地的适老化改造项目，这些项目包括安装无障碍设施、改造老旧房屋等。通过这些行动，Lowe's 不仅改善了社区居民的生活条件，也增强了其在社会上的影响力和品牌形象。

此外，Lowe's 通过提供高质量的适老化产品和服务，树立了积极的品牌形象。Lowe's 在消费者中获得了高满意度评分，并通过多个社区服务奖项和社会认可，进一步提升了品牌的信誉和影响力。例如，Lowe's 曾获得最佳社区服务企业奖和年度社会责任企业奖，这些荣誉不仅反映了 Lowe's 在适老化市场中的成就，也体现了其负责任的品牌形象。

4. 美国市场实施效果分析

Lowe's 在实施适老化布局后，业绩实现了显著增长。根据 2023 年的财报，Lowe's 年销售额达到 850 亿美元，同比增长 8%。这一增长不仅高于多数同行业公司，还标志着 Lowe's 市场竞争力的显著提升。尤其是在家居改造和建筑材料等主力产品类别中，销售额增长了 10%。这些成果与 Lowe's 的适老化布局策略密切相关，这些策略显著改善了老年顾客的购物体验，使他们能够更加便捷地购买所需产品。此外，Lowe's 通过推出 Senior Savings（老年客户折扣）计划，为 65 岁及以上顾客提供额外折扣，并在门店设置专门的顾客服务台，以支持老年顾客完成购物，不仅推动了销售增长，还提高了客户忠诚度。

在与竞争对手的比较中，Lowe's 在适老化布局方面展现了明显的优势。Lowe's 在所有新店及翻新店中普遍采用无障碍设计，如加宽的过道、低高度的货架和符合人体工程学的购物车，这些设计显著提高了老年顾客的购物便利性。相较之下，Home Depot 和梅纳德（Menards）在无障碍设计方面的进展较慢。Lowe's 还在店内安装了高对比度的标识系统，并设置了触摸屏查询台，提供详细的产品信息和店内地图，有助于有视力障碍的老年顾客更方便地购物。相较之下，Home Depot 和 Menards 在标识系统的改进上尚未达到 Lowe's 的水平。此外，Lowe's 推出了针对老年消费者的个性化服务，包括免费的家居改造咨询和产品推荐服务，这不仅帮助老年顾客作出更适合的购买决策，还提升了顾客的满意度。虽然 Home Depot 和 Menards 也提供类似服务，但在个性化和老年人服务针对性上，Lowe's 显示出了明显优势。

通过适老化布局，Lowe's 成功塑造了一个关怀老年顾客和社会责任感突出的品牌形象。Lowe's 在媒体和公众中的形象显著提升，获得了“最佳无障碍零售商”奖项，由消费者权益组织颁发，以表彰其在无障碍设计和老年顾客服务方面的卓越表现。这一奖项进一步提高了 Lowe's 在消费者心中的正面形象。最新的顾客满意度调查数据显示，Lowe's 在老年顾客中的满意度评分比 2019 年提高了 15%，许多老年顾客表示，Lowe's 的改进使他们在购物时感到更加舒适和愉快。品牌形象的提升不仅体现在顾客的满意度上，也体现在品牌的整体认知度和忠诚度的增加上。

此外，Lowe's 在适老化布局过程中还获得了积极的市场反馈。Lowe's 积极参与社区活动，举办了多场以“老年顾客体验优化”为主题的讲座和展览，这些活动使 Lowe's 能够直接从老年顾客和社区组织中获得反馈，从而进一步调整和优化适老化布局策略。Lowe's 还与跟老年人相关的非营利组织合作，提供支持和服务，增强了 Lowe's 与社区的联系。同时，Lowe's 为员工提供了专门的培训，以帮助他们更好地理解和服务老年顾客。员工的满意度调查显示，接受适老化服务培训的员工对工作的满意度提高了20%，这反过来提升了整体的服务质量。

综上所述，Lowe's通过实施适老化布局策略，在美国市场取得了显著的业绩，增强了相对于竞争对手的竞争优势，并成功改善了品牌形象。此外，Lowe's在顾客满意度和社区参与度等方面也取得了积极成果，这些成果共同推动了Lowe's在市场上的成功。

（四）经验及启示

Lowe's在美国的适老化布局为中国市场提供了有价值的启示。

1. 面向市场需求的产品与服务优化

（1）市场需求的前瞻性识别

我国现在面临的人口老龄化形势十分严峻，这一基本国情在给我们带来经济社会发展方面挑战的同时，也为居家适老化改造市场提供了潜力很大、前景广阔的机会。随着老年人口的持续增长，越来越多的家庭需要进行适老化改造以满足老年人的生活需求。企业要有前瞻眼光，察觉老年群体的特殊需求，提前进行战略布局，抢占产品和服务改造在居家养老市场的先导位置。企业开发和推广适应老年人群需要的日用辅助产品、养老护理服务，一方面会造福数以亿计的老年人，另一方面也将开辟新的有助于自身发展的广阔空间。

（2）产品与服务的多元化与定制化

随着我国人口老龄化程度的不断加深，老年消费者群体的需求日益呈现多元化的趋势。为了更好地服务这一特殊群体，企业应当积极开发和提供多元化的适老化产品和服务。这不再是单一维度的产品适应或调整，而是涵盖了从日常生活中各类产品的健康营养供给到健康护理、休闲娱乐、智能科技的全生活链服务矩阵。企业需要深入挖掘并了解老年群体的实际需求，将人的需求放在核心位置，提供更加人性化、便捷化的产品和服务，以此提升老年人的生活质量。此外，企业在推出适老化产品和服务时，还应注重制定定制化解决方案。不同的老年群体存在身体情况、兴趣爱好、生活习惯等方面的差异，这意味着定制化的贴心服务能够更好地满足老年人的个性化需求，从而赢得老年人的信任和青睐。

（3）服务流程的简化与优化

通过一系列如在线或电话评价、预约上门、在线咨询等便民服务举措的精简优化，切实提升消费者体验。从实际情况来看，面向消费者的便捷工具，在方便消费者享受服务的同时，也大幅降低了老年人群的使用门槛。在预约上门服务中，消费者可根据个人需求自助预约，大幅减少等待时长。在线咨询服务的灵活配置，让消费者可随时随地获取专业解答，不再受传统咨询方式的时间与空间限制。多种便利化金融科技成果的运用，不断提升着服务的人性化水平，极大延展了金融服务的可得性。

2. 技术应用赋能老年人购物体验优化

（1）技术创新的应用

利用增强现实（AR）、虚拟现实（VR）等先进科技，为老年消费者提供虚拟家居改造体验。消费者可通过沉浸式体验，无须当面沟通即能高效准确知晓适老化产品的成效，辅助其进行全面了解和自主选择，老年人也能提前预览居家环境的改变，确认所选产品是否符合其真实需求，切实提升老年群体的居家生活质量和便利性。

（2）线上线下融合的零售模式

结合线上电商平台和线下体验店，为老年消费者提供无缝衔接的购物体验。通过线上平台，老年消费者可以随时随地浏览商品、下单购买，并享受快速便捷的物流配送服务。同时，线下体验店则为他们提供亲身体验商品的机会，使他们能够直接了解产品的实际质量和功能。在体验店中，专业的服务人员会为老年消费者提供详细的咨询服务，解答他们在购物过程中遇到的各种问题，确保他们能够轻松愉快地完成购物。这种线上线下融合的方式，不仅为老年消费者带来了便利，还增强了他们的购物信心，提升了整体购物体验。

3. 多方合作打造品牌竞争力

（1）与专业机构的合作

企业会同养老服务机构、老年协会等专业组织，联合开展适老化市场宣讲活动，扩大适老化改造社会影响力。通过此类合作，指导地方在加强养老机构、社区实行适老化改造过程中，聚焦日常生活场景，嵌入信息技术，制定针对老年人健康管理、智慧养老等详细方案，不断提高老年消费者对居家适老化改造的认识，促进消费升级。

（2）社会责任与品牌形象的塑造

通过积极参与社区适老化改造项目，企业不仅能够履行其社会责任，还能显著提升自身的品牌形象，并进一步增强消费者对企业的信任。适老化改造项目旨在改善老年人的生活环境，使他们能够更加便捷和舒适地生活。企业通过参与此类项目，不仅展示了其对社会公益事业的关注和支持，还能在公众中树立良好的企业形象。这种积极的社会参与有助于提升企业在消费者心中的地位，从而增强消费者对企业的信任感。此外，企业通过适老化改造项目，还能深入了解老年人的需求和痛点，进而开发出更符合市场需求的产品和服务，进一步提升企业的市场竞争力。

4. 重视老年消费者的需求与权益保护

（1）重视老年消费者的心理需求

在为老年消费者提供适老化产品和服务的过程中，要尊重老年人的隐私权和自主选择权，不得擅自和变相强迫老年人使用智能技术，不得不顾老年人感受实施“一刀切”做法。辅助老年人使用智能技术的产品和服务，要在设计和提供的各个环节都充分尊重老年人的习惯和人格，让老年人感到温暖和自由。技术不管多么先进，都要回归人性化本身。通过完善现有措施，加码新兴服务，解决好数字鸿沟问题，让老年人在数字化时代不会有失落感、孤单感，而享有更多获得感、幸福感、安全感。

（2）建立老年消费者教育体系

为了更好地满足老年群体的需求，企业应建立一个全面的老年消费者教育体系。通过举办各类讲座、研讨会和培训课程，向老年人普及健康知识、金融理财、智能设备使用等实用信息。这不仅有助于提高老年人的生活质量，还能增强他们对现代科技的了解和接受度。教育体系的建立应注重互动性和趣味性，以吸引老年人的参与兴趣，使他们在轻松愉快的氛围中学习新知识。此外，企业还可以与社区、老年大学等机构合作，共同开展教育活动，形成一个覆盖广泛的老年教育网络。

（3）加强老年消费者权益保护

在提供适老化产品和服务的过程中，企业应重视老年消费者的权益保护。建立健全的投诉处理机制，确保老年人在遇到问题时能够及时得到解决。同时，企业应加强对老年消费者权益的宣传，提高他们的自我保护意识。通过发布宣传手册、举办讲座等方式，向老年人普及消费者权益保护知识，帮助他们识别和防范消费陷阱。此外，企业还应与政府相关部门合作，共同打击侵害老年消费者权益的违法行为，营造一个公平、安全的消费环境。

综上所述，Lowe's 的适老化布局为中国企业提供了在产品开发、服务提供、技术创新、市场教育、社会责任等方面的经验。中国企业可以借鉴这些经验，结合本土市场的特点，开发出更适合中国老年消费者的适老化产品和服务，推动中国居家适老化改造市场的健康发展。

案例二　日本永旺商场的老年友好商业环境建设与运营*

日本是全球人口老龄化、少子化问题最为严重的国家之一，截至 2023 年，其 65 岁及以上老年人口占比已达到 29.1%。预计到 2060 年，65 岁及以上的老年人口将接近全国总人口的 40%，这将对日本的社会结构和经济发展产生深远影响。与之形成鲜明对比的是，年轻人口比例与人口总数的双双下滑。随着老年人口持续增加，日本社会面临着劳动力短缺、社会保障负担加重等挑战。日本政府采取了一系列措施以应对人口老龄化趋势，包括提高法定退休年龄、鼓励老年人就业、完善社会保障体系等。例如，为了在少子化、人口老龄化和人口减少的快速进展中保持经济和社会的活力，为了创

* 作者为复旦大学社会发展与公共政策学院晏艺航和复旦大学国际关系与公共事务学院陈皓骏。

造一个让愿意工作的老年人能够充分发挥能力的环境，现行的日本《高年龄者雇用安定法》于2021年进行最新一次修订，将退休年龄从65岁推迟至70岁。

在这样的社会条件与政策背景下，日本零售业的领头羊永旺集团开始推行“向年长转移”战略，在商业体方面打造面向银发客群的专属体验。永旺葛西购物中心根据自身区位条件针对目标客群进行精细的适老化革新，明确自身价值定位，在商业布局、营业时段、产品服务等方面多措并举，对商场进行全方位升级，集成式地解决长者群体日常生活可能遇到的主要问题。永旺葛西购物中心作为永旺商城“向年长转移”战略的首批改造商场，通过结合产品销售与高品质的老年文娱教育服务，为银发人群营造了沉浸式的极致消费体验，一站式解决其吃喝玩乐需求，成功打造高黏度的银发人群社群。永旺集团的商业策略和永旺葛西购物中心的长者友好型商场建设，不仅体现了对老年人群体需求的深刻理解，也展现了商业空间设计在满足特定消费群体需求方面的创新与实践。

（一）案例背景

2010—2015年，日本面临的国际局势与国内局势发生明显变化，永旺集团根据相应趋势作出战略调整。在国内，日本社会面临着少子化、人口老龄化现象，永旺集团统计数据显示，55岁及以上中老年群体销售额贡献值占比将近一半。而零售业竞争日渐激烈，行业饱和度持续提升，同时伴随网络零售的崛起，消费者的购买行为也在发生变化，线上消费逐渐成为主流。在国际层面，得益于邻近中国和东南亚地区这些快速增长的新兴市场，日本的零售企业获得了重要的发展机遇，但随着消费者对购物体验的要求持续提升，零售商也在不断创新和提升服务质量以应对市场的变化与挑战，与此同时竞争对手也在加速海外扩张的步伐以拓展市场。

在这样的国内国际背景下，为顺应国内外市场的新特征，永旺集团提出4项改革，分别是“向年长转移”“向亚洲转移”“向数字化转型”和“向都市转型”。其中，永旺集团对“向年长转移”战略目标提出具体规划，要求以老龄目标客群的需求为中心，各业态协同发展。零售端方面，永旺集团同时推进现有卖场的适老化改造和新的长者友好型店铺开发，包括开发推广G.G Mall并配置满足老年人需求的综合诊所、综合金融服务站、文化兴趣学校等；商品品类方面，永旺集团通过自有品牌与供应商合作大力开发老龄产品，同时扩充自行车、红酒等银发人群新的兴趣爱好品类；营销与服务方面，永旺集团开始提供即日配送、线上购物长者专区等服务，并积极发行推广面向55岁及以上客群的专属会员卡和相关活动。

（二）实践目标及规划

2012年，伴随二战结束后婴儿潮一代开始达到65岁，日本迎来大规模的退休潮。以此为背景，作为日本零售领域的领头羊，永旺集团基于宏观趋势提出的企业中长期战略包括“向年长转移”的概念。永旺集团将自己的老龄目标客群命名为G.G（Grand Generation）[①]，并在下属20多家子公司各业态的先发举措基础上，围绕G.G的核心需求强化各业态协同发展全面升级改造卖场、产品及服务，为切入潜力庞大的银发市

① 指代老年群体，有“最上层、最高级”的寓意，以表达尊重。

场作足战略准备与战术布局。

1. 以多维营销策略加速推进新品牌建设

永旺集团主导整合多维营销策略，加速建立 G.G 新品牌与目标客群间的紧密联系。为迎合银发人群对老年人称谓的抵触心态，永旺集团对客群定位在营销端进行形式调整，采用作家小山薰堂曾提出的 G.G 世代说法。这一说法以最上层、最高级的寓意表示对银发人群的尊敬，建立起消费者对品牌的情感联系。此外，品牌营销方面，永旺集团亦通过宣传标语“人生后半场才有趣”来传递积极的品牌态度，并起用与目标客群年龄相仿，已步入老年阶段的明星作为品牌形象代言人。这些代言人通过广告渠道形象化宣传 G.G 品牌，尊称目标客群为“最尊贵的一代人”，深化了品牌与目标客群之间的连接。

策展营销方面，自 2012 年起，永旺集团连续举办了多届 Grand Generation's 展会，专门面向 G.G 客群。这些展会联合了永旺集团下属的 20 多家子公司及合作伙伴共同出展，以消费者体验为主要形式，包括手工制作、护肤体验等。同时，展览形式还包括音乐会、时装秀、脱口秀等活动，以满足 G.G 客群的喜好，扩大品牌知名度并深化内外宣传。

会员营销策略上，永旺集团于 2012 年开始面向 55 岁及以上的人群发行专属会员卡和信用卡，并为办理人的儿女、父母、配偶提供家人卡办理服务，通过银发客群带动其家庭成员注册会员，深化品牌忠诚度。同时，每月 15 日被定为“G.G 感恩日”，在这一天，G.G 会员卡消费可以享受 5% 的折扣和 2 倍购物积分，进一步通过永旺集团业态协同增强客户黏性。

2. 以消费者需求为核心的自有品牌商品

永旺集团加强自有品牌建设，努力打造满足消费者真实需求的产品，并持续优化自有品牌选品质量。永旺集团以丰富的自有品牌产品矩阵为支撑，撬动银发商品市场空间开拓。其旗下的自有品牌特慧优（TOPVALU）以其多样化的品牌定位，为消费者提供涵盖食品、日用品、家具家电等多个领域的产品。品牌矩阵结合价格等级与重要消费标签，涵盖从基本日常需求到高端精选的全方位产品系列，这样的产品矩阵使得永旺集团能够精准而全面地覆盖不同消费者的需求，并通过提供价格具有竞争力的优质产品，让消费者在明确预算和产品需求后，轻松在产品矩阵中找到合适的商品。

在新产品开发方面，永旺集团自有品牌的新产品以消费者需求为核心进行全链路运营。在设计开发端，永旺集团注重先通过小规模生产和投放试用来获取消费者对试用品味道、功能、价格、含量等方面的评价与意见，并反馈到批量化生产中。产品发售后，永旺集团还会针对消费者的使用反馈不断对产品进行改善更新。这种消费者反馈系统的价值实现有赖于前端的战略规划、商品设计与后端的销售、售后服务紧密协作，借助信息化、数字化手段对消费者需求进行分析，洞察趋势，并在消费者问题反馈中持续修正，确保产品紧密贴合市场真实需求。

（三）主要做法及成效

位于日本东京都江户川区的永旺葛西购物中心于 1982 年开始营业，主要以 30 岁左右的人群为目标客群。然而，伴随着日本全国人口老龄化程度逐渐加深，至2013年，以该购物区为中心的2公里半径范围内，约有3.5万人年龄介于65岁至74岁之间，这一比例达到该地区8万居民的44%。从区位条件来看，永旺葛西购物中心位于设有地铁站的商业带，周边人气及交通便捷性高，设有麦当劳等快餐店和连锁品牌咖啡店。然而，此类针对年轻群体的商业设施对于银发人群并不完全合适。环境氛围的狭小拥挤、快餐式食品选择、非长者友好型座椅与设施及周边文化娱乐场所的缺失，使得银发人群对能够为其提供专门产品与服务的商业体有巨大需求。

鉴于该地区并无适合长者群体的特定购物场所，永旺葛西购物中心综合周边客群特征与商业竞争条件进行面向银发客群的整体改造，借助差异化优势为银发人群打造极致的消费生活体验。永旺葛西购物中心通过调整整体布局、营业时间、产品类目等，围绕永旺集团"向年长转移"战略进行升级。从字体设计到空间布局再到产品服务，商场充分考虑老年人的需求，结合健康理念，设置步行走道、健康医疗服务空间，并集合下属公司的多元业态及对战略产生相应共鸣的合作商户，将商场四楼全面改造成专门面向55岁及以上老龄人群的G. G MALL，通过设置G.G世代的专属楼层，为其提供一个交友、学习、聚会、购物一体化的社区活动场所，打造成其日常活动中不可分割的一部分。相关改造取得显著成效，为银发市场线下商业体的实践探索提供宝贵的国际先行经验。

1. 商品：聚焦全面多样商品品类

永旺葛西购物中心的商业布局策略体现了对银发消费群体的深刻洞察与细致关怀。商场共分为4层，为长者群体提供全面、多样的商品品类选择。

商场第一层不仅设有餐厅、超市，还设置了文化健身休闲设施，并配有沙发及宽敞的户外活动区域。商场将老年人的餐饮与购物体验进行了一体化整合，整合用餐区、购买区、休息区，这种类似盒马鲜生的布局方案显著提升了长者的到店频率和店内停留时间。在商品提供方面，商场特别根据银发人群需求优化选品，其中食品种类的选择充分考虑了老年人的饮食结构和营养需求。该区域主要提供适合长者健康需求的价格实惠的多样化食品，包括便捷的熟食产品，并以小分量、低盐为特征，不仅满足了老年人对食品便利性的需求，也体现了对老年人饮食习惯的适应性调整。

商场第二层布局聚焦服装、鞋类、家居用品以及健康美妆产品。时尚服饰区引入面向银发客群的服饰品牌，并设有永旺集团专属直营卖场，依靠自身供应链优势提供品类多样、性价比高的产品。健康美妆区是化妆品、药品等的销售功能区，为日本人重视的健康问题提供多样化解决方案，各类商品有序陈列、价格亲民。

商场第三层的商品以小家电和生活用品为主，引进了一批符合长者需求的特色品牌。生活用品纷繁多样，有各种型号的餐具、可以乘坐扶梯上下楼的长者助力车、兼具时尚外观和实用功能的各类拐杖，以及防水性强、不易破损又美观大方的背包等。在产品陈列上，商场打破了传统的以品牌为中心的店铺模式，改成以产品和主题为核心的陈列模式，方便顾客在相应购物区内根据产品类别进行横向比较。

商场第四层被设计成休闲文化娱乐区域，是永旺集团的 G.G Mall 一号店。其空间布局宽敞且科学合理，为银发人群营造宁静而放松的文娱氛围，将消费体验与日常活动融为一体。该区域涵盖从图书馆到咖啡厅、从健身到理财的各类文娱功能，增加顾客消费、停留的时间。

定位精确、性价比高的选品来源于对产品的持续动态优化与永旺集团的供应链优势。一方面，商场依托消费者意见收集分析机制持续跟进银发人群的真实反馈，使选品与服务始终贴合客群需求；另一方面，商场利用永旺集团战略协同能力整合内外部资源，发挥供应链优势，为银发人群提供丰富的、高性价比的商品。

2. 服务：打造极致银发友好环境

在永旺葛西购物中心的各个楼层，商场都围绕其主题产品提供相应服务，使银发人群既能在购物时专注于产品本身、减轻后顾之忧，又能享受与消费融为一体的生活体验。在一楼食品专区，通过提供预订配送服务，商场进一步增强了长者群体的选购便利性。商场还聘请营养管理人员，为老年人定制营养健康饮食。在二楼美容时尚专区，鞋服销售区域除销售产品外，还提供脚部测量、鞋子修理和清洗等服务，为长者群体提供便利的一站式服务。此外，商场还引进了基础医疗设施，为顾客提供免费的咨询与检查服务。在三楼的家居产品销售区，商场还承接大件商品的下单、配送、安装，并提供扩展服务，包括房屋装修、清理等家居相关业务。四楼的休闲文化专区则专注于为老年人提供各项日常的娱乐活动。

在整体硬件设施方面，永旺葛西购物中心针对银发人群特征进行了无障碍设施建设与改进。在无障碍设施的设计细节上，考虑到老年人的行动便利性，商场配备了宽敞的过道，便于长者行走；商场内部也配置了大量的休息区域，在区域内安装了长者友好型沙发，以确保老年人在购物之余的舒适体验；为便于长者群体携带物品购物，商场还在各楼层配备了手推车，永旺葛西购物中心提供的手推车经过专门设计与改良，车体重量比普通购物车轻了 30% 以上，安装了 360 度自由旋转的万向轮，并在推手旁边设有独立的弯钩，方便老人挂包和购物袋；此外，在各楼层卫生间内，商场还增设了拐杖放置卡扣架，减少安全隐患。

商场在营业时间上作出了调整，以适应长者群体的生活习惯。由于老年人睡眠较少、起床时间较早，永旺葛西购物中心适当提早了营业时间，将一楼与四楼的开门营业时间定在了早上 7 点，比通常的商场开门时间早 2 ~ 3 小时。为进一步鼓励老年人错峰前往商场，商场利用晨间专属营销策略吸引周边银发人群，为其早间出行活动提供场所，吸引客流。例如，在早上 7—9 点购物可以享受“早鸟折扣”，同时，每天清晨到店打卡、参与晨走和体操等活动还可以获取购物积分，领取奖品。通过符合银发人群生活习惯的营销策略，商场实现顾客黏性与流量双提升。

商场整体的服务亦针对银发人群提供更多便利，打造极致的银发友好环境。在运营细节上，楼层播放的每一首歌曲都是精挑细选的经典歌曲，能够唤起一代人的回忆；在四楼的咖啡厅中，其咖啡壶也配置了老年人年轻时流行的款式；商场还在咨询台安排了更多接待人员，提供专属咨询服务；设置的专属巴士于每日 10—20 点提供免费接送服务，减少较远距离居民的通勤不便情况，提升客群到店频次。

3. 活动：营造沉浸式的消费体验

（1）银发人群的健康生活空间

永旺葛西购物中心四楼整层作为永旺 G.G Mall 一号店进行全面改造，专门面向 55 岁及以上老龄人群，并在 2016 年重装，为老年人群营造专属的沉浸式消费体验。G.G Mall 的设计理念是“一切从老年人出发”。围绕长者群体的健康生活与社交娱乐需求，四楼为长者群体提供充足的活动空间与娱乐选择，打造一站式的银发生活场所。

首先，围绕银发人群的健康生活需求，G.G Mall 每日组织健身操锻炼课程，为银发人群早起锻炼提供新的活动空间。商场管理人员统一组织的晨间集体健身操课程对老年人免费开放。据日本媒体报道，周边的老年人群体积极参与，每日约有百人参加，之后他们通常会在商场内的咖啡厅享用咖啡和早餐，这种群体体育活动已成为他们日常生活中的重要组成部分，并且他们乐于推荐给朋友。

同时，商场四楼铺设有 180 米长的健身步道，老年人可以不受天气限制地把这里作为进行日常锻炼的晨练场。为保证运动健康安全，健身步道采用全地毯铺设的方案，防止运动摔伤和膝盖受损的潜在风险。前往四楼的方式也体现健康生活的理念，银发人群既可以选择乘坐商场内的扶梯，也可以选择从商场门口开始一天的运动：门口转角的步梯直通四楼的 G.G Mall。

G.G Mall 还设有专门面向老年人的高性价比健身房，由专业工作人员辅导老年人进行诸如拉伸锻炼等相对舒缓的运动，帮助其保持身心健康。健身房器械均根据老年人身体条件量身定制，符合老年人所能承受的运动量，确保运动强度适宜。此外，商场还针对银发人群的日常健康需求，引入了牙科诊所和正骨诊所等专业服务机构，以丰富商场的服务项目。

在健康理念与营销策略的配合上，为激励持续的运动参与以吸引客群，商场引入了打卡系统，让长者群体可以通过日常运动积累积分，这些积分可用于在商场楼下的超市消费。

（2）服务空间与文娱社交场景

文化娱乐性的社群生活是 G.G Mall 的另一大特色。在非晨练时段，晨练场经常会举行各式各样的活动或演出，各类活动更新频率从每日到每月不等。墙上张贴有定期更新的培训课程信息，为银发人群提供各式各样的学习和参与机会。同时，晨练场内配有旅行咨询中心，提供为活力老人设计的旅游产品。考虑到很多日本老人在旅游方面倾向于在电话沟通或面对面交流后作出决策，日本主要提供银发旅游产品的旅行社都将客服中心、门店和线下的旅游说明会作为重要营销场景。

G.G Mall 配有齐全的休闲娱乐活动设施。书店、咖啡店、乐器演奏室以及各类运动室应有尽有，满足老年人的精神需求。商场内设置了可以随意试用的乐器行、工作室和教室，并有百余种体验活动，涵盖围棋、跳舞、瑜伽、戏剧、料理、摄影、手工艺学习等，让老人们可以尽情享受文化生活的乐趣。商场内部的咖啡店里，除了提供茶饮、甜点等食品，还配有电脑等智能设备，店员会教授老人使用方法，让老人尝试阅读电子书、上网查询信息等。此外，商场还设有宠物沙龙，提供专业的宠物照料与美容服务，以及专业金融服务机构，提供资产运用、保险和房屋贷款等方面的咨询服务。这些设施和服务共同构成了 G.G Mall 为银发人群打造的全面健康生活和文化娱乐社交平台。

4. 效果：充分吸引中老年客群

作为永旺集团“向年长转移”战略指引下首批改造的商场，永旺葛西购物中心转型取得显著成效，成为综合商业体翻新改造的模范标杆。根据永旺集团的统计数据，在中短期，得益于第一层、第四层部分商户的开业时间提早至 7 点，长者群体的客流激增，相应店铺营业额较之前提升 30%；其他楼层的客流与销售数据也有不同程度的增长，并且商场会员数稳步增加。经历了一段时间的稳定运行后，中老年人贡献了超过 70% 的客流量，商场每年服务的中老年客户超过 110 万人，单店营收超过 8000 万美元。傲人的商业战绩使永旺葛西购物中心在打造银发商业体的赛道上“一转成名”，奠定了其在商场针对中老年客群进行适老化改造的标杆地位。

（四）经验及启示

身处国际社会中较早面临人口老龄化、少子化问题的一体化市场，日本商业体在最前沿阵地的银发经济探索为全球提供了宝贵经验。永旺葛西购物中心的案例为我国商业体的适老化改造带来了丰富的现实参考，也为银发市场的蓬勃发展提供了重要指引。

1. 以老年群体需求为导向推动商业体改造

“一切从老年人出发”，这句标语不仅是 G.G Mall 的设计理念，更体现在从商业体设计到产品服务的方方面面。商业体提供全面多样的产品品类，打造银发友好的服务内容和消费环境，为银发人群提供沉浸式的消费体验，其策略与内容都源于对银发人群多元需求的充分理解和重视，以此作为长者友好型商场升级建设的核心。因而，在产品与服务提供的过程中，商业主体需要始终以客群的需求为导向，明确目标客群与价值定位，以精细化革新赋能向长者友好型商业模式转型升级。

2. 整合内外部资源形成独特品牌竞争力

永旺葛西购物中心的成功实践体现了内外部资源整合的重要性。一方面，永旺集团的自有品牌和供应链管理功不可没。通过永旺集团对自有品牌的多样化和精细化管理，商场得以利用丰富产品矩阵覆盖不同等级的需求，成功在商品零售方面占据优势地位。另一方面，永旺葛西购物中心与引驻品牌和机构互相帮扶，共促成长。为丰富银发人群在商场的日常活动，永旺葛西购物中心引入长者健身机构和娱乐活动机构等集团外部资源，极大程度地使商场功能多样化，提高了客户的停留时长，增加消费机会。对于外部商户与机构而言，商场是自身良好的宣传平台，能以免费体验等形式吸引目标用户。这既为优质的机构提供曝光渠道，又帮助双方以低成本获客，以“用户—永旺集团—外部机构”的模式构建良性的互动循环，互相助力成长。

3．推动线上线下融合以应对市场变化

永旺葛西购物中心目前业态有所调整，其四楼是专为银发人群打造的G.G Mall，针对银发人群的特色产品和服务出现较大幅度收缩，而服务年轻人群的业态占比更多，包括英语培训班、舞蹈培训等。此外还有诸多面向全年龄段的业态，如日用品超市、书店等。银发业态减少，一方面可能缘于新冠疫情对线下零售商业模式的冲击。由于新冠疫情对长者群体的影响总体较年轻人更大，长者群体出门频次减少、线上购物增加的情况势必导致商业体内服务银发人群的实体空间发生萎缩。另一方面，日本银发人群年龄结构正发生进一步的变动。有观点认为，日本正在进入超高龄社会，行动不便的高龄老人将成为银发人群的主要构成群体，日本银发经济将随之发生结构性变化，即服务于低龄老人的消费、文娱业态产生萎缩，服务于高龄老人的介护、适老化产品则迎来新一轮发展。这种状况为线下商业体的适老化转型升级提供了更进一步的两方面经验，值得深入思考。

在数字技术迅猛发展的当下，商业体应当注重线上线下平台资源整合。商业体应深入探讨工作机制，根据实际情况、依据现有资源进行合理衔接，构建线上线下融合生态，促进线下客流与线上流量的相互转

化。这既是巩固实体空间适老化改造成果的必要之举，又是面对银发人群可能发生的结构性需求变化而迈出的前瞻步伐。

4. 面向老龄市场变化加强前瞻性思考

商业体在进行适老化转型的过程中，需要具有前瞻性的眼光。大至战略规划，小至细节设计，不能仅局限于当下实践的效果，更应看到时代变化与未来发展的趋势。就此而言，上海市虹口区的百联曲阳购物中心以无龄感商业体为理念的长者友好型商场建设实践具有重要参考意义。商业体应将适老化建设的举措视作对原有商业模式未能涵盖的群体需求进行补充，而非视作针对性服务的扩展与增加。这既是老年人回归社会的重要途径，也是商业与社会环境和谐包容的重要体现，更是使得商业主体能够“以不变应万变”、在瞬息万变的商业潮流中实现可持续发展的进取之道。

案例三　丹麦老年群体远程医疗平台的搭建与资源共享*

进入21世纪以来，全球面临着日益严峻的人口老龄化趋势。以信息技术和互联网资源为基础的智慧养老成为应对人口老龄化和促进银发经济发展的重要方向，它不仅优化了健康监测、紧急救助、远程医疗等核心服务，在降低养老成本的同时提高了服务的响应速度，而且带动

---

* 作者为复旦大学社会发展与公共政策学院杨飞扬和复旦大学外国语言文学学院任冰邑。

了智能穿戴、健康管理等新兴产业发展，为银发经济注入创新动能。此外，智慧养老模式还能缓解传统养老资源不足的压力，满足老年人多元化、高品质的养老需求，推动银发经济向数字化、智能化、可持续化方向升级。

然而，如何在实践中有效落实智慧养老理念，实现服务供给与需求主体之间的无缝对接，并充分发挥智慧养老在多种养老模式中的赋能作用，确保其合理融入我国养老服务体系的发展进程，仍然是当前我国银发经济服务产业升级所面临的主要挑战。

丹麦作为数字化医疗的先行者，通过FUT（Fælles Udvikling af Telemedicin）项目，率先搭建起全球首个国家级远程医疗基础设施平台，为老年人健康消费与医疗服务模式的转型树立了标杆。该平台通过整合智能终端、数据互联和远程诊疗技术，打破了空间与时间限制，显著提升了医疗服务的便利性。丹麦凭借其全民数字健康档案系统和完善的医疗协作网络，引领了全球医疗基础设施平台建设的潮流，其经验不仅彰显了远程医疗基础设施在促进健康公平与社会福祉中的核心作用，也为其他国家应对人口老龄化挑战提供了可复制的范式。因此，学习借鉴丹麦的成功经验，构建更为完善的支持系统，对我国银发经济的发展具有重要意义，并将为我国养老服务领域的创新探索提供崭新的视角。

（一）案例背景

1. 丹麦人口老龄化概况

自20世纪70年代以来，全球范围内生育率下降与预期寿命延长导致人口老龄化现象逐渐超越国别与地区，成为21世纪人类社会共同面对的重要议题。根据联合国的定义，当一个国家或地区65岁及以上老年人口的比例超过7%时，即被视为进入老龄化社会。联合国数据显示，到2050年，全球60岁及以上老年人口的比例预计将达到38.8%。这一不可逆转的人口老龄化趋势将深刻影响各国的社会和经济结构。

截至2022年，丹麦总人口为590.3万人，其中65岁及以上老年人口达到120.94万人，占总人口的20.5%，标志着丹麦已进入深度老龄化社会。丹麦的人口老龄化呈现长期且显著的增长趋势，预计到2050年，65岁及以上老年人口的比例将接近25%。与此同时，丹麦也面临着日益严重的少子化问题。2022年，丹麦0～14岁人口的比重为16.1%，较之前几年持续下降，已处于严重少子化范畴。此外，随着出生率的持续下滑，劳动年龄人口（15～64岁）的比重也已下降至63.5%。这种人口结构变化加剧了老年抚养比的上升，目前已超过30%，即每3个丹麦劳动年龄人口就需承担一名老年人的抚养责任。这不仅增加了养老服务的压力，还对丹麦的社会福利体系构成了巨大的财政挑战。自2010年以来，丹麦老年抚养比每年以1%的速度上升，养老金和医疗需求等方面的财政压力逐年加剧。根据丹麦财政部的数据，因老龄人口比例上升，政府在医疗和养老保险上的支出占公共支出的比例已从2015年的0.3%增加到2020年的0.6%，未来这一比例预计将持续上升。

2. 丹麦社会医疗福利

丹麦的社会医疗福利制度以高福利和高效能著称，近年来在新自由主义改革的影响下，丹麦更加强调个人自主性与健康管理。丹麦政府的健康宣传鼓励公民挖掘自身在健康、幸福和愉悦方面的潜能，发挥个人的主体性价值。在医疗领域，新自由主义倡导的健康主义理念加入了道德责任，鼓励个人积极掌控自己的健康状况，并将对健康的追求视为社会意识形态的一部分。这一理念推动了对积极老龄化的追求，丹麦银发人群普遍将退休生活视作自我实现与积极体验的新机遇。自1996年起，丹麦实施了预防性家访制度，定期对75岁及以上公民进行家访，随后扩展至65～81岁的高风险人群，以确保其身心健康，并指导银发人群维持身体的基础功能水平。此外，2002年推出的养老院自由选择政策和2003年的家庭护理自由选择政策，赋予了老年人在选择护理服务时更大的自主权利，从而提高了服务的灵活性与质量。2015年实施的康复计划通过特定的康复训练帮助老年人恢复身体或社会功能，提升其生活独立性与生活质量。2021年通过的《福利协议法》进一步减少了地方政府的行政约束，使福利服务能够更加灵活地响应公民需求。

3. 丹麦银发人群数字消费习惯

丹麦的日常社会生活已基本实现高度数字化。丹麦75～89岁的互联网用户中，六成曾使用互联网查看测试结果、医生预测或个人电子档案、健康记录或药物卡中的其他信息。35～54岁的人群是在线健康数据服务的最活跃用户，2021年有九成人曾在线查看健康相关信息。实际上，自2016年起，丹麦法律便要求公共部门与公民的所有沟通必须数字化，推动了广泛的数字优先战略。这种变革不仅影响了年轻一代，也逐渐渗透到老年群体的日常生活中。尽管92.5%的丹麦公民通过数字邮政系统接收政府信息，但仍有7.5%的人未能适应这一转型，其中老年人占据了大多数。为了弥合这一数字鸿沟，丹麦政府启动了数字包容网络，联合公民组织、私人机构及政府部门，共同为那些面临数字化挑战的老年人提供支持，帮助他们逐步掌握数字技能。

在这一背景下，丹麦采取了多项举措培养老年人群的数字消费习惯。政府为老年人提供了沙盒环境，帮助他们试用常见的数字解决方案，如国家电子身份证和数字邮政系统。这些措施不仅帮助老年人熟悉数字工具，还提升了老年人社会参与度以及大数据技术的应用。在日常生活中，老年人越来越多地使用数字服务，尤其是移动支付系统，最年长的用户甚至有104岁，充分显示了丹麦老年人群在数字经济中的适应能力。此外，欧盟支持的欧西里斯银发经济发展项目指出，鼓励老年人使用数字技术是释放资源和提供个性化服务的关键。作为欧盟数字化程度最高的国家，丹麦完善的数字基础设施为老年人提供了便捷的技术支持，帮助他们逐步成为数字产品和服务的活跃消费者。这种高度数字化的环境不仅提升了老年人的生活质量，也为丹麦的银发经济注入了新的活力。

（二）实践目标及规划

丹麦FUT是全球首个国家级远程医疗基础设施平台，旨在为患有疾病的公民提供居家健康监测解决方案，同时为各个区域的远程医疗系统提供统一的支持。该平台主要由丹麦的市政当局和地区使用，支持医疗专业人员接收并处理患者的健康数据，实时监控患者的健康状况，以确保能够为远程患者提供个性化和实时的干预措施。

1. 远程医疗系统服务健康管理

FUT远程医疗基础设施平台常被比喻为丹麦的高速公路网络，与丹麦的国家医疗基础设施相协调，能够实现将不同地区和医疗机构的资源无缝衔接。其核心目标是确保无论患者位于何处或接受何种医疗服务，其健康数据和治疗流程都能够始终保持连贯，从而避免因地域或系统切换导致的医疗服务中断，有效提升了整体医疗体系效率。统一化的流程管理也能够方便老年人更便捷地使用数字医疗平台。

与此同时，远程医疗平台需提供灵活的健康管理方案，让老年人能够根据自身情况选择最适合的服务。丹麦的医疗体系高度依赖数字化解决方案。自 2004 年以来，丹麦所有初级保健医生均被要求采用电子健康档案（EHR）来管理患者信息、药物清单、临床进展笔记、诊断影像和实验室检测结果。同时，几乎所有初级和二级护理机构之间的临床通信均通过电子消息系统完成，以确保患者的诊疗数据流转顺畅以及医疗资源的有效配置。在此背景下，丹麦医疗数据网络（MedCom）主导开发了 FUT 远程医疗基础设施平台，有效实现医生、专科医院、药房及实验室等之间的电子沟通与协作。

2. 建立医疗系统数据安全机制

老年人对数字技术的信任度往往较低，尤其是涉及健康数据时，他们可能担心信息泄露或被滥用。因此，远程医疗平台需建立严格的数据安全机制，确保老年人能够安心使用服务。FUT 远程医疗基础设施平台在数据安全与隐私保护方面实施了一系列严格措施，以确保公民个人信息和医疗数据在远程医疗环境中的安全性。平台的数据保护机制涵盖数据存储、传输、访问控制等多个环节，旨在为远程医疗系统提供稳固的安全保障。

首先，FUT 远程医疗基础设施平台的数据安全体系依托于国家基础设施，确保公民健康数据的存储和处理达到最高安全标准。国家基础设施不仅负责存储共享的健康数据，还可记录访问日志，支持公民身份认证和授权。这种集中化平台通过数据加密和访问控制等技术手段，防止未经授权的访问或数据泄露。未来，平台将扩展支持病历、治疗计划和日历等复杂的医疗信息共享，以提升系统的整体功能。而 FUT 远程医疗基础设施平台作为整个系统的重要组成部分，存储了公民的治疗方案、设备信息和个体的测量数据，还包括对服务、支持和物流订单的追踪功能。与国家基础设施一样，FUT 远程医疗基础设施平台同样实施了严格的数据保护措施，确保所有与医疗服务相关的数据信息在跨系统和部门传递时得到加密保护，避免未经授权的访问或数据篡改。此外，数据的存储与处理均遵循丹麦及欧盟的《通用数据保护条例》，进一步强化了公民隐私的保护。

其次，在数据访问层面，FUT 远程医疗基础设施平台高度重视透明性和合规性。系统记录了所有数据访问的操作日志，确保仅有授权人员可以访问敏感医疗信息，防止数据滥用。公民在平台中对其个人数据拥有知情权和控制权，可以选择同意或拒绝健康数据的共享申请，进一步提高了数据管理的透明性与安全性。而在技术层面，FUT 远程医疗基础设施平台采用现代加密技术和网络安全标准，确保数据在存储和传输过程中不受外部威胁。平台依据快速医疗保健互操作性资源（FHIR）标准对数据进行结构化处理，确保医疗数据在不同系统之间的无缝互操作性。FHIR 标准为电子医疗信息的安全交换提供了灵活保障，以适应不同环境和设备，确保患者能够获得最佳护理，同时促进医疗信息系统之间的互联互通。

最后，FUT 远程医疗基础设施平台支持动态环境下的自动部署，确保系统能够在配置的云环境中安全地进行测试和运行。测试环境中的数据操作遵循严格的安全控制，生产环境则特别关注个人数据的合规处理，从而确保数据的安全性。同时，FUT 远程医疗基础设施平台采用了半敏捷开发和持续交付模式，由客户和供应商共同确定开发优先级，以保证系统在每个开发阶段均通过严格的安全测试。自动部署与持续交付机制还确保了安全更新和补丁的及时应用，能够预防潜在的安全漏洞，保障系统的长期稳定与安全。

（三）主要做法及成效

1. 提供远程健康监测咨询服务

（1）居家健康监测

FUT 远程医疗基础设施平台的首项服务是专注于慢性阻塞性肺疾病（COPD）检测。慢性阻塞性肺疾病患者可以在家中通过设备测量脉搏、体重、血氧饱和度等关键指标，并将这些数据通过远程医疗平台传递给医疗专业人员进行分析。这些数据将与市政的电子就诊记录系统或电子护理记录系统集成，从而确保所有医疗记录的统一管理。

患者不仅可以通过手机、平板电脑或电脑访问远程医疗平台，自行查看相关数据，还可以通过平台与医生进行视频咨询，获得及时的健康指导。借助远程医疗平台，患者可以在家中接受持续的健康监测和随访，大幅减少了不必要的住院和再入院情况。此外，FUT 远程医疗基础设施平台还帮助改善了糖尿病、充血性心力衰竭等疾病的管理，确保患者能够通过初级保健系统接受有效治疗，提升了患者的安全感。FUT 远程医疗基础设施平台不仅负责医疗数据的管理，还与医疗设备物流系统、就诊支持服务等紧密结合。这种整合确保了从医疗设备供应到患者咨询问诊的全链条服务效率，进一步提升了患者远程医疗的整体体验。

（2）视频医疗咨询

丹麦的初级医疗护理体系总体而言具有较高的地理覆盖率和良好

的可及性，且患者满意度极高。然而，该系统也存在一些不足之处，例如，在偏远农村和欠发达城市地区服务覆盖难度的增加，面对日益增长的需求时相应容量扩展的缺乏，以及在质量保障方面的局限性，等等。

在应对这些挑战方面，视频医疗咨询作为FUT远程医疗基础设施平台的重要功能发挥了显著作用。特别是在新冠疫情期间，视频咨询大幅提升了医疗服务的可及性。患者可以通过远程视频与医生或护士进行咨询，不再局限于面对面的就诊形式。这种灵活的方式为患者，尤其是慢性病患者和行动不便的老年人群体，提供了极大便利，同时有效减轻了医疗系统的负担。在资源受限的情况下，远程视频医疗成为缓解医疗专业人员工作压力的有效手段。当前，丹麦所有医疗实践系统均具备视频功能，2000家诊所大约有1570家能够提供视频咨询服务，全科医生诊所也已开始全面使用这一应用。

2. 服务老年人健康消费

丹麦FUT远程医疗基础设施平台作为国家级医疗基础设施，为老年人的健康消费提供了重要支持。该平台采用符合《通用数据保护条例》的严格数据保护措施，确保老年患者信息安全，让老年群体能够安心地使用平台。FUT远程医疗基础设施平台还通过联合丹麦的98个市和5个地区参与IT设备的招标与采购，实现了远程医疗基础设施的全面整合。FUT远程医疗基础设施平台与多个供应商签订了框架协议，以确保各城市和地区能够获得最适合的远程医疗IT解决方案。此外，FUT远程医疗基础设施平台与丹麦电子病历系统（EHR）深度整合，实现医疗机构间的数据互通，这对需要长期健康管理的老年慢性病患者尤为重要。这些措施有效降低了老年人的医疗成本，提升了健康消费的便捷性和安全性，体现了远程医疗在老龄化社会中的实际价值。

3. 实施成效

（1）优化医疗服务可及性与降低老年患者就医压力

FUT 远程医疗基础设施平台注重为老年慢性病患者提供连续性和个性化的护理服务。由于老年人行动不便且慢性病多发，频繁就医往往给他们带来不便和压力。FUT 远程医疗基础设施平台通过引入远程医疗，尤其是视频咨询，使老年人在家中即可与医生面对面交流，避免了长时间的等待和往返医院的劳累。FUT 远程医疗基础设施平台还通过整合多个地区的医疗资源，克服了地理限制的不利条件，确保偏远地区的患者也能够获得与城市居民同等水平的医疗服务，有效解决了地区间医疗资源分配不平衡问题。

通过远程监控技术，患者能够在家自我监控健康状况，并与医生保持实时联系。医生可以根据患者的健康数据及时调整治疗方案，特别是对于慢性阻塞性肺疾病和心脏病患者，这大大降低了急诊和住院的频率。此外，远程医疗减轻了家庭照护者的负担，减少了反复陪伴老年患者就医的压力，从而改善了整个家庭的生活质量。

（2）推动服务适老化转型与便利老年人健康消费

在数字化技术快速发展的背景下，老年人正通过适老化服务实现更智慧的健康消费。虽然部分老年人在使用数字技术时存在适应过程，但以 FUT 远程医疗基础设施平台为代表的适老化创新，通过简化操作流程、优化界面设计等数字包容措施，显著降低了使用门槛。老年用户现在可以通过清晰的健康数据可视化、语音交互等功能，轻松完成健康监测、在线问诊和用药管理等操作，使数字健康服务真正融入银发生活。

这种以用户为中心的设计理念，让老年人能够根据自身健康状况和数字能力，自主选择适合的服务模式。平台提供的智能健康评估工具支持多维度数据采集，老年人既可以自主填写电子健康档案，也能通过家属协助完成健康管理。医疗团队可根据这些实时共享的健康数据，为每位老年人定制个性化的健康方案，并通过文字、语音等多种方式提供诊疗建议，确保不同数字素养的老年人都能平等享受优质医疗服务。这种“科技 + 温度”的服务创新，不仅帮助老年人跨越数字鸿沟，还让他们成为智慧医疗的积极参与者和受益者，实现了数字时代下健康消费的适老化转型。

（四）经验及启示

1. 完善相关法律法规

丹麦 FUT 远程医疗基础设施平台的成功得益于丹麦相关法律政策的严格执行与不断完善。我国也应进一步建立健全相关法律法规，完善现有法律如《中华人民共和国执业医师法》《中华人民共和国电子签名法》《中华人民共和国侵权责任法》等与远程医疗的适配性。在监管体系上，可借鉴外国远程医疗监管经验，明确监管主体，成立远程医疗专业组织，探索包含卫生行政部门、医疗机构、专业组织、其他社会组织和个人的多元主体协同监管体系。同时，应加强远程医疗提供机构、人员、设备、质量安全等的监管，并根据风险等级，对远程医疗进行分类，执行不同的监管标准。

在法律关系和责任划分上，我国应组建跨学科专家团队，探讨远程医疗利益主体之间的法律关系，明确发生损害时各主体间的法律责任。医疗机构间和软件运营商之间的法律关系也应严格遵照《中华人民共和国民法典》等相关法律的规定，规范形式要件和内容，避免出现合同无效的情形。

在数据安全和患者隐私保护方面，各地应该认真落实《中华人民共和国个人信息保护法》，从法律层面保护患者数据安全和隐私。医疗机构内也应建立信息保护的规章制度，从技术上进行加密保护，确保患者隐私在数据传输、存储、复制过程中的安全。同时，医疗机构还应提高医务人员保护患者隐私的意识，加强诊疗过程管理，减少非必需工作人员接触患者隐私资料的机会，降低患者隐私泄露的风险，并明确侵犯患者隐私时应承担的责任和受到的处罚。

2. 提升智慧养老服务可及性

智慧养老的可及性依赖于系统间的有效接口，这些接口促进了不同机构间的信息交换与合作。丹麦 FUT 远程医疗基础设施平台通过其强大的数字基础设施，利用信息技术打通了不同层级和类型的医疗养老机构，实现了高效共享有限的医疗资源，使得老年人能够便捷地享受到高质量的医疗护理服务。我国可以借鉴 FUT 远程医疗基础设施平台的模式，通过建设社区数字平台，整合医疗、社会服务和技术支持，促进信息流动，确保服务的连续性和覆盖面。同时，我国应力求将志愿者、家庭成员和专业医护人员结合起来，构建起多层次、多元化的老年人服务体系，从而提升银发经济服务的整体质量和协调性。

此外，FUT 远程医疗基础设施平台通过建立老年人健康数据基础数据库，利用大数据分析实现精准的健康评估和服务定制，引导老年人根据健康状况选择最合适的医疗和护理服务，有效减少了资源浪费，同时提供了个性化的养老服务。FUT 远程医疗基础设施平台还应用物联网技术，开发智能终端和传感器，实现对老年人日常状态的实时监控，能够及时发现潜在风险，并通过远程医疗服务提供紧急救助，从而增强了智慧养老服务的日常监测和应急管理能力。在我国发展智慧养老服务时，可以借鉴FUT远程医疗基础设施平台的经验，运用大数据技术深入理解老年人的需求，以提供更为精细化的服务。同时，我国智慧养老系统应以老年人的真实需求为基础，合理整合硬件、软件和信息服务，确保养老服务的智能化升级。这将有助于提升老年人的生活质量和安全保障，构建一个更加高效、协调的智慧养老服务体系，以满足老年人多样化的健康和护理需求。

3. 培育银发人群数字消费习惯

丹麦政府通过数字办公室推出了多项面向老年群体的政策，如设立数字服务柜台和数字大使，以有效提升老年人的数字素养。同时，统一发放电子身份证和数字邮政系统为银发人群熟悉智能设备和在线服务提供了重要支持。这不仅提高了老年人的数字技能，还增强了他们对新技术的接受能力和适应能力。

我国可以借鉴丹麦做法，通过政府与社会组织的共同努力，采取积极的政策引导和激励措施，为老年人提供更多合适的数字服务，鼓励他们参与线上消费服务，从而提高老年人的数字技能，促使其更好地融入数字社会。还可以通过社区中心、老年大学等机构提供数字技能教育，帮助老年人掌握智能设备和在线服务的基本技能。此外，数字基础设施的建设与完善也至关重要，必须注重为老年人提供便捷、安全、易用的数字产品和服务。在智能产品设计上，应注重适老化改造，简化操作流程，使用大字体和清晰的指示，以提高产品使用的灵活性，确保老年人能够轻松享受智能化带来的便利，服务其健康消费。

案例四 日本吉野家老年介护食品的需求洞察与产品创新*

当前全球人口结构正经历着前所未有的变革，其中最为显著的现象之一便是人口老龄化的加速。这一趋势不仅重塑了社会结构，也悄然间为经济发展开辟了新的路径——银发经济，一个以老年人为核心消费群体，覆盖健康、医疗、娱乐、餐饮等多个领域的新兴经济形态，正逐步成为推动全球经济持续增长的重要力量。

在日本这个以长寿著称的国家，人口老龄化的挑战尤为严峻。然而，正是这样的背景，激发了日本企业在银发经济领域的创新活力与探索精神。餐饮业作为连接日常生活与情感交流的桥梁，在银发经济的大潮中更是扮演了不可或缺的角色，它不仅仅关乎味蕾的满足，还对老年人生活品质的提升具有重要意义。

吉野家作为日本著名的快餐连锁品牌，面对银发经济的崛起，展现出了非凡的前瞻性和敏锐的市场洞察力。它深刻认识到，随着老年人群对饮食健康、营养均衡及便捷性的需求日益增长，传统餐饮模式已难以满足这一群体的特殊需求。于是，吉野家果断迈出创新步伐，推出了专为老年人设计的介护食品。这些介护食品，不仅注重食材的新鲜与营养搭配，更在口感、质地、烹饪方式上进行了精心调整，以适应老年人群咀嚼能力下降、消化功能减弱等生理变化，成功地将业务从传统餐饮延伸至食品工业领域，进入了医院、养老院、家庭等多个场景。这一举措不仅极大地便利了老年人群，也让他们在享受美食的同时，感受到了来

---

* 作者为复旦大学社会发展与公共政策学院杨飞扬和上海市世外中学胡沐安。

自社会的温暖与关怀。

吉野家介护食品项目的成功，不仅在于其产品的创新，更在于其深刻理解了银发经济的本质——以人为本，关注老年人群的真实需求与情感诉求。吉野家通过精准的市场定位、贴心的产品设计以及灵活的市场策略，成功地在银发经济这片蓝海中找到了自己的位置，也为其他企业提供了宝贵的经验与启示：在老龄化社会背景下，只有不断创新，紧跟时代步伐，才能更好地满足市场需求，实现企业的可持续发展。

（一）案例背景

1. 老龄化社会中的日本餐饮行业

日本老龄化程度呈现持续加深，加深速度较快的特点。日本自1970年进入老龄化社会以来，仅仅经历了24年，65岁及以上人口占比便于1994年超过14%，进入中度老龄化社会；2005年其65岁及以上人口占比超过20%，正式进入超级老龄化社会，而到2022年日本的人口老龄化率已达29.1%，连续多年处于世界最高水平。

人口老龄化对日本的经济、社会与政治领域产生了深远且全面的影响，如出现了经济增长动力减弱、财政状况紧张以及社会财富分配不均等问题，日本“失去的三十年”便是这一现象的鲜明例证。具体到老年人生活的方方面面，这一趋势则对日本的医疗、护理等服务领域产生了显著影响，而在饮食方面，老年人因生理机能的退化，常常面临咀嚼和吞咽困难的问题，这使得他们对食物的质地、口感以及营养有着特殊的需求。传统的餐饮服务往往难以满足这些需求，导致老年人的饮食选择受限，营养摄入也可能不均衡，更不要提食品的风味了。基于此，日本餐饮企业开始思考如何调整和创新它们的产品和服务，以更好地服务于这一日益增长的消费群体，于是最初的介护食品诞生了。

介护食品是调整食物物理性状后，提供给适应症患者以满足其营养需求的一类食品。日本介护协会便是在这样的背景下，为了满足日益增长的护理食品需求而设立的，成立初衷是提高介护食品的安全性和用户接受度，同时强调食品的物理特性和功能性。协会通过制定 UDF（Universal Design Food，通用设计食品）标准，将介护食品分为容易咀嚼、用牙龈可以压碎、用舌头可以压碎、无须咀嚼 4 个等级，推动介护食品朝着既味美又易于食用的方向发展。随着社会对适合护理用途的食品需求不断增加，协会通过统计调查和市场分析，明确了介护食品的市场规模，并推动了产品种类的多样化，以满足不同用户的需求。日本介护食品的市场广阔，日本民间调查公司的调查结果显示，2022 年日本护理食品市场的规模将增至 2017 年的 1.5 倍。

同时，随着日本人口老龄化趋势的加剧，日本餐饮业还面临一个显著变化：外食率呈现下降趋势。这反映出日本居民，尤其是老年群体，外出就餐的意愿普遍减弱。这一现象背后，是老年人口对便捷、易烹饪食品日益增长的需求。许多居家养老的高龄者或缺乏烹饪经验、或因体能下降导致烹饪能力受限，对能够直接购买、仅需简单加热即可食用的预制菜表现出浓厚的兴趣。针对这一市场需求，预制菜产业在日本迎来了前所未有的发展机遇。预制菜极大地缓解了老年人用餐的不便，成为解决老龄化社会餐饮问题的一大创新举措。

2. 吉野家基本情况

吉野家注意到老龄顾客由于咀嚼能力减弱和腿脚不便而无法再光顾餐厅后，逐步进入介护食品市场，并取得了不错的成绩。吉野家始创于

1899年，是一家拥有悠久历史的快餐连锁品牌，最初在东京的一个鱼市起家，为工人和市民提供牛肉饭。随着时间的推移，吉野家不断发展壮大，成为日本乃至全球知名的快餐品牌。吉野家以提供快速、便利、价格合理的餐食而闻名，以独特的牛肉饭为核心产品，拥有悠久的品牌历史和深入人心的品牌形象。面对人口老龄化的现实挑战，吉野家认识到，除了继续提供其广受欢迎的传统牛肉饭，还需要开发新的产品线来满足老年人的饮食需求。因此，吉野家开始探索和研发专门针对老年人的介护食品，在设计上充分考虑了老年人的咀嚼和吞咽能力，同时保证了营养均衡和食物的美味。

（二）实践目标及规划

1. 创新概念，破解成本难题

吉野家最初在推广其介护食品的过程中，面临进入养老院渠道的挑战，核心障碍在于其产品定价高于养老院的护理餐成本预算。面对这一难题，吉野家采取了创新的市场策略，通过每周或每月定期而非每日向养老院提供介护食品的方式，成功地将产品引入了B端市场。吉野家还专门提炼了一个口号用于营销——“让老年人能感受到住院前或入住护理机构前每周日去外面‘下馆子’的快乐”。这种策略不仅缓解了养老院的财务负担，也让老年人能够定期享受到吉野家的特色美味，从而提升了介护食品的吸引力和市场接受度。2019年，吉野家携手日清医疗食品，共同推出了面向医院及护理机构周日专属午餐套餐，频率为每月两次。这一策略在短短3个月内就获得了日本全国约50家机构的青睐，证明了其市场策略的有效性。

2. 发掘品牌特色，变劣势为优势

在激烈的市场竞争中，吉野家面临着与其他资深介护食品品牌的竞争挑战。吉野家2017年才开始进军介护食品领域，需要与其他介护食品品牌竞争。这些品牌可能已经在这一领域深耕多年，在市场上有了一定的知名度和客户基础，如日本丘比1998年首次推出其介护食品，作为UDF标准的重要推动者，其“温情菜单”系列已扩展至54种产品，市场影响力与顾客忠诚度都很强。吉野家以品牌在日本社会的熟知度破局，凭借其百年历史的品牌积淀，以及老年消费群体对其招牌牛肉饭味道的深厚情感，成功地将这一挑战转化为自身的优势，在满足介护食品标准的基础上，强调吉野家餐品熟悉的味道，这对于面临诸多饮食限制的老年群体而言具有很强的吸引力。

在产品开发上，吉野家不仅注重提高食品的柔软度和黏稠度，减少含盐量以适应老年人的健康需求，更在保持传统牛肉饭的口味上投入了大量的努力。吉野家深知，在介护食品的制作中，虽然无法完全保留牛肉和洋葱等食材的原始形态，但必须确保其传统风味得以传承。因此，吉野家采取了一种独特的策略，即将看似不利的挑战转化为品牌独有的魅力——即便是咀嚼能力有所减弱的老年人，也能在吉野家的介护食品中重温并享受那份熟悉而温馨的牛肉饭味道。

3. 面向大众宣传，提升介护食品接受度

消费者认知与接受度也是吉野家需要面对的挑战之一。由于介护食品是一个相对较新的市场领域，许多消费者可能对这类产品的功能还不了解。为了提高消费者的认知，吉野家投入了大量资源进行市场教育和产品宣传，通过各种渠道向消费者传达介护食品的重要性和优势。同

时，吉野家也积极收集消费者反馈，不断优化产品，以满足消费者的实际需求和期望。通过这些努力，吉野家逐渐提高了消费者对介护食品的接受度，为产品的长期发展奠定了坚实的基础。

（三）主要做法及成效

1. 进军介护食品领域

吉野家进入介护食品领域的举措是其对日本人口老龄化现状的直接响应，体现了品牌对市场变化的深刻理解和对特定需求的精准把握。在深入理解老年人在饮食上的特殊需求后，吉野家推出了专门针对高龄群体的介护食品系列，这些餐食在设计上充分考虑了老年人的咀嚼和吞咽能力，同时在营养均衡和食物的美味上也下足了功夫。

以“好吃！柔软！容易吃！”为宗旨，吉野家陆续推出了牛肉饭、鳗鱼饭以及鸡肉鸡蛋盖饭等介护食品系列。以牛肉饭为例，吉野家开发了可以用舌头压碎的柔软型盖饭和可以用微弱力量咀嚼的切丝型盖饭，前者将牛肉制成易于入口、无须咀嚼、用舌头就能压碎的肉糜，后者则将牛肉切成长度很短、易于食用的薄片细丝。在保证食用便利性的同时，这两类牛肉饭还保留了吉野家独特的牛肉饭的味道，能够帮助老年人享受美食并增进食欲，为老年人的照料者减轻负担。在鳗鱼饭的制作上，吉野家采用了自己开发的骨头加工法和行业成熟的浸渍冻结技术。这些技术的应用不仅去除了鱼刺等小骨头，还使得鳗鱼变得更加柔软，降低了老年人食用时的安全风险，适合老年人吞咽。吉野家最新推出的亲子盖饭除了着重于延续银发人群熟悉的味道，还重点宣传和推广米饭的柔软程度。精细的制作过程和对品质的严格把控，让吉野家的介护食品在满足老年人营养和健康需求的同时，也为他们提供了愉悦的用餐体验，老年人在牙口不便的情况下仍然能获得味蕾的满足。

吉野家的产品开发逻辑是基于现有成功产品，并严格遵循日本UDF标准，开发出适合老年人食用的柔软型和切丝型产品。在牛肉饭的制作上，吉野家曾经历过一段探索期，最初尝试将牛肉切碎后重新制作，但发现这样的产品在黏稠度和含盐量上并不理想。为了解决这些问题，吉野家重新调整了产品开发策略，将牛肉饭的制作流程进行拆分，并对每一环节进行优化。为了保证品质，吉野家精心挑选了含有较少牛筋的牛肉，并搭配其他肉糜进行制作，即使加热时间再长也不会改变嚼劲，确保肉质的柔软和风味。为了减少盐的含量，吉野家进行了多次尝试，最终使用钾盐代替钠盐，并精确调整用量，成功将每份产品的含盐量控制在1克左右。这样的改进与调整不仅符合老年人的健康需求，也成了产品的卖点。吉野家介护食品从食物形态（较柔软、流质型）到减少盐的含量，均做到了适合高龄者方便饮食。

从牛肉饭、鳗鱼饭再到鸡肉鸡蛋盖饭，吉野家介护食品针对不同渠道的需求，将产品的保质期延长至一年半。这样的举措不仅满足了机构内和家庭护理场景的需求，也为消费者提供了更多的餐食选择和规划空间。截至2023年7月，吉野家的介护食品系列已售出超过120万份。这些创新策略的综合运用，使得吉野家在银发经济中占据了有利地位，同时也为其他企业提供了宝贵的经验和启示。

2. 市场推广与拓展

吉野家介护食品不仅限于传统的餐饮服务，还积极拓展到医院、养老院、家庭等多场景中。2017年，吉野家首次与养老院和医院合作，定期为养老机构内的老年居民提供特制的介护食品。在2018年11月，吉野家在大阪府吹田市开设了“ビエラ岸边健都店”，并且首次在实体门店内向公众提供堂食介护食品，进一步拓宽了服务范围。吉野家将其市场策略从 B 端机构客户扩展到 C 端普通消费者，不仅在门店提供堂食服务，还通过电商平台和线下超市销售冷冻包装的介护食品，实现了多渠道销售。这种全面的市场布局使得吉野家的介护食品能够触及更广泛的老年人群体，使老年人无论是在家中还是专业护理机构中，都能轻松享受到吉野家提供的美食与便捷。老年人在吉野家合作的专业机构以及线下堂食门店中品尝介护食品，能够通过熟悉的风味和特制的老年人更易使用的餐具来感受饮食氛围；居家养老的老年人经过一分钟微波炉加热后便可以在家享用营养均衡的美食。通过这样的设计与定位，吉野家不仅满足了老年人多样化的饮食需求，也体现了其对社会责任的积极履行，以及对市场动态的快速响应和适应。

在向消费者的推广中，吉野家从渠道和产品理念两方面入手，在完成产品定位的基础上，推广介护食品概念。吉野家将销售渠道扩展到超市和药店等这些老年人经常光顾的场所，为介护食品提供了更多的曝光机会。吉野家与德岛丸株式会社合作，将介护食品引入移动超市 Tokushimaru（德岛丸）的销售网络。后者以“帮助‘购物难民’（购物困难的人，以老年人为主）看到、触摸、感觉和选择实际产品，完成购物计划”为宗旨，吉野家帮助老年人和护理人员增加饮食乐趣和食欲的愿望与其不谋而合，双方携手合作，帮助介护食品更加便捷地到达目标消费群体——银发人群手中。同时，除了在目标地区进行销售，吉野家和德岛丸株式会社还向老年人和护理人员免费发放软牛肉饭配料，以扩大介护食品的民众认可度。此外，2023 年，吉野家与日本药店达成合作，将介护食品的广告在 700 家药店内播放，精准触达老年消费者群体，大幅提升了产品的认知度和可见度。

吉野家的市场推广策略不仅关注产品的直接销售，还包括了对产品理念的传播。它通过各种营销活动和公共关系策略，提高了消费者对介护食品重要性的认识，同时也强化了吉野家作为一家关心社会福祉和老年人健康的企业形象。通过这些综合性的市场推广活动，吉野家成功地将介护食品定位为老年人饮食健康的一个重要选项，同时也为公司开拓了新的增长点，实现了社会价值和商业价值的双赢。

（四）主要启示

1. 敏锐洞察市场动态

在老龄化社会背景下，吉野家敏锐地洞察到老年人在饮食上的特殊需求，不仅重视营养的均衡摄入，更关注食物的易咀嚼性与吞咽便利性。基于此，吉野家精心研发了一系列介护食品，如柔软型、切丝型的牛肉饭、鳗鱼饭和亲子盖饭等，这些产品不仅满足了老年人对美味佳肴的渴望，更解决了他们因生理变化而带来的饮食问题。吉野家以匠心独运的产品设计，展现了对老年人群的深切关怀，不仅提升了老年人的生活质量，也赢得了市场的广泛认可与好评，彰显了品牌的社会责任感与市场洞察力。

2. 发掘老年群体餐饮需求，进行产品创新

吉野家不断探索和优化，推出了符合日本 UDF 标准的介护食品，这些产品在设计上充分考虑了老年人的食用便利性和食物的柔软度。通过采用特殊的加工技术和食材选择，吉野家确保了介护食品的质量和口感，使其在老年人中广受欢迎。此外，吉野家在产品的营养配比上也下足了功夫，力求在控制盐分和糖分的同时，提供充足的蛋白质和其他必需营养素，以满足老年人的健康需求。

3. 积极布局市场营销和渠道合作

通过与医院、养老院、药店和便利店等的合作，吉野家成功地将介护食品推向了更广阔的市场。这些合作不仅增加了产品的可及性，也为吉野家在老年人群中建立了良好的品牌形象。同时，吉野家还通过有效的营销活动和公共关系策略，提高了消费者对介护食品重要性的认识，增强了品牌的市场影响力。

4. 社会责任与企业创新的结合

在追求商业利益的同时，吉野家也关注社会福祉，致力于为老年人提供健康、便利的饮食选择。这种对社会需求的积极响应，不仅提升了品牌形象，也为企业带来了长远的社会效益。吉野家介护食品项目在日本社会的成功，证明了企业在追求经济效益的同时，也能够通过创新来解决社会问题，为银发人群提供关怀，实现企业价值与社会责任的双赢。

5. 小结

吉野家介护食品案例深刻诠释了餐饮行业在银发经济浪潮中的转型与创新之路。随着全球人口老龄化趋势的加速，老年人群已成为不可忽视的消费力量，他们对于健康、便利及情感交流的餐饮需求日益增长。吉野家敏锐地捕捉到了这一市场机遇，通过精准定位与产品创新，成功推出了介护食品系列，从一家餐饮企业升级成为综合食品企业，不仅满足了老年顾客的独特需求，在老龄化社会加速发展趋势下，更为整个餐饮行业树立了新的标杆。

吉野家深刻理解了银发经济的本质与潜力，即老年人群消费能力的提升与消费观念的转变。在此基础上，吉野家以顾客为中心，不断优化产品设计，确保介护食品既考虑到老年人的生理特点，又兼顾了营养与口感的双重需求，让老年人食用时既安心放心，又获得情感满足。吉野家还注重品牌推广与市场营销，将介护食品打造成为关爱老年人的象征，赢得了广泛的社会认可与好评。更为重要的是，吉野家的案例为其他餐饮企业提供了宝贵的启示：在老龄化社会背景下，餐饮行业必须积极调整战略方向，深入挖掘老年市场的潜力。这要求餐饮企业不仅要关注产品的创新与升级，更要注重服务的人性化与个性化，为老年顾客提供更加贴心、便捷的用餐体验，这不仅是一个商业机会，也是对社会负责任的体现。同时，餐饮企业还应加强与社会各界的合作与交流，共同推动银发经济的发展与繁荣。

展望未来，银发经济的发展趋势预示着对老年人友好产品和服务的需求将持续增长。餐饮企业需要不断创新，提供更多适合老年人的餐饮选择，同时也要关注老年人的社交和情感需求，创造更加包容和舒适的用餐环境。随着科技的进步和健康意识的提高，未来的银发经济将更加注重食品的营养价值、安全性以及用餐体验的便捷性和舒适性。因此，餐饮企业应把握这些趋势，通过提供高质量的产品和服务，满足老年人群的需求，同时也为自己在竞争激烈的市场中赢得一席之地。

第四章

银发消费现状评估与方向导引

前文通过对上海和国际典型银发消费案例的梳理，形成推动银发经济发展的有效经验与丰富政策启示。把握银发消费发展现状是促进银发经济发展的重要前提，本章基于由百联集团与复旦大学共同构建的百联－复旦银发消费指数的指标体系，以上海市为例，关注其全域范围内的银发消费重点方向与内容，为驱动银发经济的发展提供政策方向导引，并进一步从居家适老化、银发健康消费等维度分析银发消费的前沿趋势。

一、银发消费发展指标体系构建

（一）百联－复旦银发消费指数的编制背景

银发经济是向老年人提供产品或服务，以及为老龄阶段作准备等一系列经济活动的总和。2024 年 1 月，《国务院办公厅关于发展银发经济增进老年人福祉的意见》印发，这是国家出台的首个支持银发经济发展的专门文件，提出了 4 个方面 26 项举措。

民政部数据显示，中国 60 岁及以上老年人口从 2014 年末的 2.1 亿人快速增长至 2024 年的 3.1 亿人，占总人口的比重和老年人抚养比均快速攀升，对经济社会发展产生诸多挑战。因此，发展积极健康的银发经济，是应对经济挑战、化解社会压力的重要方略。

上海在全国较早面临人口老龄化问题，并率先开展了对银发经济的摸索。《国务院办公厅关于发展银发经济增进老年人福祉的意见》中提出的加快推进银发经济规模化、标准化、集群化、品牌化发展，对现阶段上海银发经济实现跨越式发展有非常重要的意义。结合国家要求和本地实际，2024 年 12 月上海市人民政府办公厅印发《上海市推动银发经济高质量发展若干政策措施》，提出了 4 个方面 22 条具体措施。为此，百联集团与复旦大学基于上海数据，一同编制了百联 – 复旦银发消费指数，以期定量刻画银发消费的发展现状。

综上，银发经济发展迎来了新的历史机遇期。而银发经济以银发消费为发展驱动力和最终依归，是应对老龄化社会的重要举措。把握银发消费发展现状对促进银发经济具有重要的现实意义，并能够有效指引银发消费的实践方向。

（二）百联 – 复旦银发消费指数的前期研究

聚焦于银发消费，百联集团作为国有商业产业集团，2022 年启动基于上海银发消费者需求的银发消费策略专项研究，通过桌面研究深入剖析银发消费的宏观发展趋势，并系统总结了以日本为代表的海外先进企业案例。2023 年，百联集团携手复旦大学消费市场大数据实验室开展共研共创校企合作，全面扫描上海老年人口整体布局，并实地抽样走访上海银发消费者，深入调研上海银发消费者行为及消费需求，以期通过双方合作，把握银发消费趋势，更好发挥百联集团商业网点多、零售业态丰富、会员基础坚实、供应链资源丰富及具备资本赋能的优势，借助复旦大学消费大数据实验室丰富的消费市场大数据资源、科学的消费市场数据监测预测标准体系及与商务部等政府机构密切的合作关系，通过在银发消费领域的数据共享与资源对接，深入挖掘银发客群需求，共同推进行业研究、生态活动举行及创新场景打造，助力上海银发消费行业的整体发展，共创人民美好生活。

通过前期走访调研，团队就上海市银发群体的生活状况、消费倾向与习惯等方面展开了系统的研究分析，总结得到如下经验：

第一，上海银发人群布局及生活状态方面，上海市民政部门发布的数据显示，截至 2023 年末，上海市户籍人口中 60 岁及以上老年人口数量已达到 568.05 万人，占全市总人口的 37.4%，高于全国平均水平，其中半数以上集中在 60 ~ 69 岁年龄段。在区域分布上，中心城区的人口老龄化程度更高。上海老年人以居家养老为主，因此围绕居家养老场景、深耕社区将是探索银发消费市场的主要方向。从生活状态看，上海老年人呈现一种有空闲、舒适的生活状态，退休后生活节奏慢，他们会选择社交、看电视或者买菜、做家务等生活琐事来消磨时间，更需要朋友的陪伴以减少空闲时的孤独感，让生活充实起来。

第二，上海银发人群收入支出与消费渠道情况方面，据调研统计数据，从收入水平看，上海老年人月均家庭收入（不含子女收入）为 10008 元，略低于上海社会平均工资，但收入来源稳定，主要为退休金，另外也有的老年人有理财习惯，或子女给予资金。从支出方向看，主要集中在日常的买菜、逛街等生活支出上。日常买菜是上海老年人生活支出的重要场景，同时也应关注休闲娱乐与医疗、营养保健等健康领域。从消费渠道看，上海老年人爱逛街，消费力集中于线下渠道，特别是菜市场；同时，70% 的老年人已经使用线上渠道购物，微商、多多买菜等具有社交属性并且兼具性价比的渠道更受老年人青睐。

第三，上海银发消费需求方面，结合上海老年人收入稳定、时间充裕、兴趣广泛等特点，可将其消费需求分为四大类，分别是活得健康“寝食安”、活得充实“有事做”、活得舒心“心情好”、活得精彩“有亮点”，需优化和发展与其需求关联度高的特色商品与服务供应链。另外，对于线下高频消费场所，上海老年人对可以休息的区域、高性价比的商品更有期待；对于线上购物平台，上海老年人提出了数字服务适老化改造的需求。

2024 年，随着《国务院办公厅关于发展银发经济增进老年人福祉的意见》的出台，百联集团积极把握政策机遇，协同各二级企业整合内外部资源，推进银发消费策略的落地试点，包括百联集团整合多元业态打造甘泉路街道银发友好社区样板、百联曲阳购物中心局部调改打造无龄感社区购物中心等，旨在践行国企责任，增进上海老年人福祉，助力上海银发消费发展。百联集团已将发展上海银发消费作为百联集团统筹推进的重要战略之一。对内，推进百联集团多元业态协同发展，探索银发友好渠道，丰富银发商品及服务供给；对外，积极对接街道、政府机构，整合资源跨界融合，构建银发消费生态，并联合外部专家机构共促行业发展。

为促进上海银发消费行业高质量发展，在上海银发消费前期研究合作的基础上，百联集团与复旦大学消费市场大数据实验室继续推进校企共研共创合作，联合发布百联－复旦银发消费指数，以期通过科学研究方法，为政策制定者、企业决策者以及广大消费者提供数据支持和决策参考。

（三）百联－复旦银发消费指数的目的和意义

1. 贯彻落实中央文件精神

积极响应《国务院办公厅关于发展银发经济增进老年人福祉的意

见》文件精神，结合上海市实际以及多方面的资源统筹能力，制定具体实施方案，细化服务措施，明确时间表、路线图，确保银发经济相关工作有序推进，发挥国有企业引领示范作用，推动产业集群发展。

2. 提升应对人口老龄化社会的主动性

推动居家、社区、机构养老融合发展，构建多层次、多样化的养老服务体系。鼓励社会力量参与养老服务，培育专业化、品牌化的养老服务。加大养老服务设施建设和改造力度，提升养老服务设施的安全性和便利性。

3. 将零散研究转化为系统研究

基于百联集团和复旦大学各自在银发经济方面的研究优势，系统整合银发经济研究成果，向同行或专家咨询并修改和完善，持续关注银发经济的新发展和研究成果，为未来的系统研究提供新的视角和思路。

二、百联－复旦银发消费指数评估

（一）百联－复旦银发消费指数的编制原则

1. 系统性原则

银发消费指数的编制需要从全局和整体的角度出发，系统地反映银发消费市场的人口约束、产业发展、消费特征和消费者感知，这要求指数的编制综合考虑以上多个方面的作用和影响，将银发消费视为一个系统问题，基于多因素进行综合评估，确保指数能够全面覆盖银发消费市场的各个方面。

2. 简明性原则

在构建银发消费指数时，应选择具有代表性的关键指标，避免指标体系过于复杂和烦琐。虽然背依复旦大学消费市场大数据实验室丰富的数据资源，但指标体系过于庞杂不利于梳理银发消费的内在逻辑，因此每个一级指标下的二级指标控制在 8 个之内，以确保指标体系的精练和高效。

3. 可持续原则

银发消费市场是一个动态变化的市场，随着市场的变化要保持指数的相对结构稳定。需要定期收集和分析银发消费市场的阶段性数据和信息，持续发布银发消费指数，反映银发消费市场的最新状况和发展趋势。

4. 可扩展原则

银发消费指数应具备可扩展性，以用来横向比较不同城市的银发消费指数。应确保数据来源客观可靠，避免主观臆断和偏见对指数结果的影响，基于数据的可收集范围和频次，随着市场环境的变化和数据的更新保持核心指标的稳定性。

5. 科学性原则

各指标之间在内涵、意义、作用上互不重叠，彼此独立地反映评价对象的某一方面。指数编制的基础体系体现研究的目标，确保所选指标与银发消费紧密相关。结构清晰，有助于理解总体架构和各分项指标的意义。

（二）百联 - 复旦银发消费指数体系及评分结果

1. 指标体系

百联 - 复旦银发消费指数共由两级指标构成。一级指标包括消费潜力、消费供给、消费行为、消费环境，其中消费潜力、消费供给、消费环境分值各为20分，消费行为分值为40分，各级指标体系及权重如表4-1所示。

表4-1 百联-复旦银发消费指数体系

一级指标	二级指标	满分	评分标准
消费潜力（20分）	户籍老年人口规模	10	200万以下（3分）；200万～300万（4分）；300万～400万（5分）；400万～450万（6分）；450万～500万（7分）；500万～550万（8分）；550万～600万（9分）；600万以上（10分） 含上限不含下限，下同
	老年人口数同比增长	5	-3%以下（1分）；-3%～-2%（2分）；-2%～2%（3分）；2%～3%（4分）；3%以上（5分）
	养老金同比增长	5	-4%以下（1分）；-4%～-2%（2分）；-2%～2%（3分）；2%～4%（4分）；4%以上（5分）
消费供给（20分）	养老产品专利申请数量	10	50个以下（2分）；50～100个（4分）；100～150个（6分）；150～200个（8分）；200个以上（10分）
	养老产业市场规模同比增长	10	-5%以下（3分）；-5%～-3%（4分）；-3%～0%（5分）；0%～3%（6分）；3%～5%（7分）；5%～7%（8分）；7%～10%（9分）；10%以上（10分）
消费行为（40分）	老年人大宗消费品消费额同比增长	5	-20%以下（1分）；-20%～-10%（2分）；-10%～10%（3分）；10%～20%（4分）；20%以上（5分）

续表

一级指标	二级指标	满分	评分标准
消费行为（40分）	老年人必需品消费额同比增长	5	–20%以下（1分）；–20%～–10%（2分）；–10%～10%（3分）；10%～20%（4分）；20%以上（5分）
	老年人健康用品消费额同比增长	5	–20%以下（1分）；–20%～–10%（2分）；–10%～10%（3分）；10%～20%（4分）；20%以上（5分）
	老年人文体娱乐服务消费额同比增长	5	–20%以下（1分）；–20%～–10%（2分）；–10%～10%（3分）；10%～20%（4分）；20%以上（5分）
	老年人健康养老服务消费额同比增长	5	–20%以下（1分）；–20%～–10%（2分）；–10%～10%（3分）；10%～20%（4分）；20%以上（5分）
	老年人生活日用服务消费额同比增长	5	–20%以下（1分）；–20%～–10%（2分）；–10%～10%（3分）；10%～20%（4分）；20%以上（5分）
	老年人住宿和餐饮服务消费额同比增长	5	–20%以下（1分）；–20%～–10%（2分）；–10%～10%（3分）；10%～20%（4分）；20%以上（5分）
	老年人金融服务消费额同比增长	5	–20%以下（1分）；–20%～–10%（2分）；–10%～10%（3分）；10%～20%（4分）；20%以上（5分）
消费环境（20分）	老年用品价格同比增长水平	5	2%以内（5分）；2%～5%（4分）；5%～8%（3分）；8%～10%（2分）；10%以上（1分）
	享受长护险待遇老年人口同比增长水平	5	–5%以下（1分）；–5%～0%（2分）；0%～5%（3分）；5%～10%（4分）；10%以上（5分）
	老年友好型社区数量增长	10	0～5个（3分）；5～10个（4分）；10～15个（5分）；15～20个（6分）；20～25个（7分）；25～30个（8分）；30～35个（9分）；35个以上（10分）
总分		100	

资料来源：上海市统计局、上海市民政局、复旦大学消费市场大数据实验室。

本次百联－复旦银发消费指数计算范围为上海市全域，数据年份为2024年，各一级指标所包含的二级指标及数据来源如下。

消费潜力包含3个二级指标，数据均来自复旦大学消费市场大数据实验室，以实有人口数计算。户籍老年人口规模占10分，老年人口数同比增长情况指当年上海市60岁及以上老年实有人口较上年变化情况，占5分。养老金同比增长占5分。

消费供给包含2个二级指标，养老产品专利申请数量占10分，数据来自复旦大学消费市场大数据实验室，该指标由企业申请的养老产品与服务相关专利具体数量加总得到。养老产业市场规模同比增长占10分，数据来自上海市统计局，养老产业市场规模的统计核算以国家统计局《养老产业统计分类（2020）》为标准，再进一步计算上海市养老产业增加值同比增长情况。

消费行为包含8个二级指标，每个5分，数据均来自复旦大学消费市场大数据实验室。8个指标均为同比增长数据，按照在地消费统计标准行业，提取60岁及以上老年人消费额。老年人大宗消费品消费对应汽车、家用电器、家居建材3个行业，老年人必需品消费对应粮油食品、超市行业，老年人健康用品消费对应医药器械行业，老年人健康养老服务、生活日用服务、住宿和餐饮服务、金融服务等按照服务消费统计标准。

消费环境包含3个二级指标。老年用品价格同比增长水平数据来自复旦大学消费市场大数据实验室采集的60余个主流电商平台老年用品消费客单价，占5分。享受长护险待遇老年人口同比增长水平数据采集自上海市民政局官方网站发布的数据，占5分。老年友好型社区数量来自上海市民政局官方网站发布的数据，占10分。

2. 评分结果

评分结果显示（见表4–2），消费潜力方面，得分为18分。户籍老年人口规模较大，老年人口数和养老金同比增长较快，市场预计有较快增长，主要受老年人口基数增长带动。消费供给方面，得分为20分，养老产品专利申请数量维持在较高水平，养老产业市场规模呈现较快增长态势，高质量的银发产品供给能够有效促进老年群体的消费活力。消费行为方面，得分为26分，老年人必需品消费以及健康养老、生活日用、住宿和餐饮等服务消费额同比增长较快，老年人消费品质在逐步提高，在重视基础的同时接受服务类产品的倾向较高，而传统的大宗消费品和文体娱乐服务下降，健康用品由于新冠疫情期间的高基数，同比也出现了下降。消费环境方面，得分为18分，享受长护险待遇老年人口同比增长水平和老年友好型社区数量增长分值较高，显示出软硬环境都给予老年人较高舒适度，老年用品价格温和增长。

表4–2　百联–复旦银发消费指数评分结果

一级指标	二级指标	满分	评分结果	一级指标得分
消费潜力（20分）	户籍老年人口规模	10	9	18
	老年人口数同比增长	5	5	
	养老金同比增长	5	4	
消费供给（20分）	养老产品专利申请数量	10	10	20
	养老产业市场规模同比增长	10	10	
消费行为（40分）	老年人大宗消费品消费额同比增长	5	1	26
	老年人必需品消费额同比增长	5	5	
	老年人健康用品消费额同比增长	5	1	
	老年人文体娱乐服务消费额同比增长	5	1	
	老年人健康养老服务消费额同比增长	5	5	

续表

一级指标	二级指标	满分	评分结果	一级指标得分
消费行为（40分）	老年人生活日用服务消费额同比增长	5	5	26
	老年人住宿和餐饮服务消费额同比增长	5	5	
	老年人金融服务消费额同比增长	5	3	
消费环境（20分）	老年用品价格同比增长水平	5	3	18
	享受长护险待遇老年人口同比增长水平	5	5	
	老年友好型社区数量增长	10	10	
总分		100	82	82

资料来源：上海市统计局、上海市民政局、复旦大学消费市场大数据实验室。

三、银发消费实践方向导引

（一）居家适老化改造

1. 政策背景

2024年3月，国务院发布《推动大规模设备更新和消费品以旧换新行动方案》，统筹安排3000亿元左右超长期特别国债资金，加力支持大规模设备更新和消费品以旧换新。为落实行动方案，《关于加力支持大规模设备更新和消费品以旧换新的若干措施》提出优化设备更新项目支持方式，将支持范围扩大到能源电力、老旧电梯等领域设备更新以及重点行业节能降碳和安全改造。

在经历了分别以家电和汽车引领的两个社会消费品零售总额趋势性增长阶段后，新的社会消费品零售总额增长引擎尚未出现，社会消费品零售总额增长遭遇困难。在此背景下，国家发展改革委推出的以旧换新政策或许是一个契机，居家适老化改造作为一个千亿元级规模的蓝海市场，更应当加快挖掘其市场潜力，带动消费增长。

《国务院办公厅关于发展银发经济增进老年人福祉的意见》明确提出，开展居家适老化改造，鼓励老旧小区加装电梯、家庭配备智能安全监护设备。居家适老化改造可以提升银发人群生活的安全性和便利度，大大提高老年人生活品质，但客观上也亟须规范发展。目前应国家标准化管理委员会要求，中国轻工业联合会已完成起草《家居产品适老化设计指南》，并形成国家标准。

2. 地方实践经验

上海市老年人口众多，其居家适老化改造亦走在全国前列。早在2019年底，上海便开始试点开展面向全体老年人的居家环境适老化改造工作，并于2021年7月起将试点范围扩大至全市，建立了全市统一的工作平台和机制。

上海市采取“政府补贴一点、企业让利一点、家庭自负一点”的资金分担机制，引导和支持老年人的居家适老化改造，同时也设置了一定的补贴门槛。2025年1月，上海市商务委等7部门印发《上海市2025年加力支持家电家居家装消费品补贴政策实施细则》，消费者在上海市购买居家适老化类产品按照每件销售价格的30%给予补贴，参与活动的每个支付渠道补贴金额不超过2000元。同时民政局的补贴实施细则按照每户根据经济状况补贴50%~100%，每户最高补贴5000元，主要侧重低收入群体补贴；残联主导的残疾人家庭无障碍改造，经各区申请评估，主要侧重残疾人特殊群体补贴。

截至2024年底，上海全市有老年人居住房屋数超过400万套，其中老人独居房屋数超过200万套，按照上海市自2019年开始至2023年底累计为全市逾2.1万户老年人家庭提供改造、市级补贴投入资金每年不高于2000万元的标准推进，要实现让每个老年人都能享受到适老化居家环境还很遥远，需要加快引入市场化机制。

以杭州市为代表的浙江模式则在居家适老化方面撬动了更大的消费市场。2024年发布的《浙江省消费品以旧换新居家适老化改造实施细则》中提出为60～79岁的老年人补贴50%，为80岁及以上的老年人补贴60%，且每户补贴上限达2万元。而在最新的《2025年浙江省消费品以旧换新居家适老化改造实施细则》中，在补贴上限不变的情况下，浙江省将补贴比例调整为60岁及以上的老年人统一补贴30%，使得在有限的补贴预算下，能够撬动更大规模的适老化改造消费市场。此外，浙江省采用先到先得、预算用完为止的模式，并设定单次补贴下限为1000元，这些政策均有效鼓励与加速了区域内的居家适老化改造。

与此同时，浙江省各地市在居家适老化改造方面积极借助市场化力量，有效提升了产品和服务的供给能力。2024年9月，杭州市西湖区公布的居家适老化改造实施企业数量达62家，湖州市2025年公布的第一批居家适老化改造企业便已有89家。反观上海市截至2023年10月的统计情况，全市适老化产品库和服务商资源库内各类服务商为33家，产品供应商为29家，较2021年公布的企业数量未有明显提升，市场化机构的参与程度仍有待提升。

3. 发展方向

为推动居家适老化改造市场健康发展，一是可以适当降低补贴比例，有效撬动消费市场。当前部分地区的高额补贴政策虽短期内刺激了需求，但也导致家庭过度依赖政府资金，市场内生动力不足。建议设置补贴比例上限，通过“政府补贴+家庭自付”模式增强居民自主消费意识，同时将节省的财政资金用于扩大覆盖人群，惠及更多中低收入家庭。此外，可配套推出税费减免、消费券发放等激励措施，进一步激活潜在需求。

二是引导市场化机构参与，优化产品与服务供给。政策应当鼓励企业、社会组织通过PPP模式参与适老化改造，支持养老服务机构、家装企业开发普惠型适老化产品包，提供设计、施工、售后一站式服务。同时，建立行业标准与认证体系，设立推荐的合格供应商名录，规范市场秩序，避免低质高价乱象。通过市场化竞争推动产品创新与服务升级，满足老年人多样化、多层次的改造需求。最终通过调整补贴机制与激发市场活力的双管齐下，形成“政府引导、市场主导、家庭参与”的可持续发展格局。

（二）主动促进健康消费

1. 政策背景

银发健康消费是指老年人围绕健康需求产生的消费行为，涵盖医疗保健、营养食品、康复护理、智能健康设备及健康服务等领域。当前我国银发健康消费规模已成为大健康产业最具潜力的增长极，政策支持与科技赋能正持续推动行业向专业化、便捷化方向发展。

2025年4月，商务部、国家卫生健康委等部门印发的《促进健康消费专项行动方案》中明确指出要增强银发市场服务能力，针对老年人群的健康管理、养老服务提供更加专门化的政策支持。《“十四五”国家老龄事业发展和养老服务体系规划》提出，在推动完善老年人健康支撑体系的同时，着力发展银发经济，形成健康服务消费的强大发展动能。

在中央政策指引下，各地方政府也陆续推出政策配套，为地方的银发健康消费发展提供保障。《上海市人民政府办公厅关于促进本市养老产业加快发展的若干意见》明确了养老健康相关的服务和产品发展方向，指出要增加多层次养老照护服务和大力发展辅具用品产业，以满足老年人健康消费需求，提升老年人获得感。《广东省促进银发经济高质量发展增进老年人福祉实施方案》则将加强智慧养老产品和服务推广纳入银发经济的重点发展方向，鼓励企业在智慧健康场景、智慧养老场景加大研发创新，在新业态领域起到示范引领作用。部分城市亦针对老年人健康产品（如健康监测设备等）发放消费券，刺激银发消费，撬动老年群体的健康消费市场。

2. 发展方向

主动健康消费已成为我国居民，尤其是中老年人的重要消费趋势。由于健康知识的普及和居民健康意识的增强，健康消费市场呈现需求多元化、智能化和精细化的发展特征，以满足居民对健康消费更高层次的需求。

“50后”“60后”占老年群体比重持续提升，这部分老年群体的收入水平和受教育程度整体较高，消费观念也更偏向品质型与享受型。在主动“精养”、防病于未然的消费趋势下，老年群体对于健康管理、疾病预防、健康运动等方面的产品与服务有了更多元的需求。以老年人保健品市场为例，我国批准和受理的保健食品功能达27种，同时还有各类营养素补充剂，在主动健康消费的趋势下，大量城市老年人会结合自身健康情况购买相应的保健食品满足养生需求，在此背景下，保健品市场实现了长期的稳定增长，中国营养保健食品协会的数据显示，2023年我国保健品市场产量已达85.2万吨，供给水平持续增长。

与此同时，科技创新使得健康消费的场景不断丰富，市场上涌现出一批专为老年人设计的健康产品，这些创新成果已成为服务老年人健康生活的利器。实现室内室外精准定位的安心扣、监测老年人生命体征与跌倒动作的AI长者看护器、帮助看护者了解老年人大小便情况的智能纸尿裤，这些健康消费领域的科技产品不仅推动了消费场景的延伸，而且让老年人的生活更便利、更美好。

此外，老年群体对产品和服务精细化也提出了更高的要求，这也使得健康消费的供给方需要持续提升识别细分消费需求、推动业务创新、连接受众群体的能力，以针对性地推出差异化的产品和服务。

（三）康养旅游消费

1. 政策背景

随着经济社会的发展，老年群体的旅游消费需求得以不断释放，银发旅游消费占比持续提升。中国旅游研究院发布的《中国国内旅游发展年度报告 2024》中显示，当年 45 岁以上的中老年旅游者合计出游 11.94 亿人次，占国内旅游客源市场的 36.81%，已成为国内旅游市场的重要客源。

康养旅游作为多业态融合的新兴产业，具备集医疗、保健、旅游、文化等要素于一体的特点，能够带动多个消费领域的快速发展。其面向的主要客户便是有休闲和健康需求的中老年群体，发展康养旅游已成为促进银发消费的重要组成部分。“十四五”以来，国家层面对康养旅游的政策支持不断提升，《“十四五”文化和旅游发展规划》明确提出要发展康养旅游，推动国家康养旅游示范基地建设。进入 2025 年，国务院办公厅印发的《关于进一步培育新增长点繁荣文化和旅游消费的若干措施》中指出，要提升老年人文旅服务品质，推广康养、慢游等旅游产品，更好地提升老年群体的旅游出行体验。

各地方也在积极跟进国家政策，发力银发旅游消费赛道，在政策方面助推康养旅游的快速发展。2025 年 2 月《海南省推动康养产业发展三年行动方案（2025—2027 年）》正式发布，提出将康养旅游作为重点发展业态和产品，并积极谋划针对60岁及以上人群推出银发旅游产品，推出银发旅游精品旅游线路，探索“冬南夏北”旅居养老模式；2025年4月，《关于支持和推进上海银发旅游发展的实施方案》发布，以打造全国银发旅游示范高地为目标，在丰富银发旅游产品供给、提升银发旅游服务水平方面提出了发展方向，并计划在银发康养旅游上整合长三角康养资源，加强上海康养品牌的推广。

2. 发展方向

随着新一代老年人成为银发消费的主力，我国老年旅游需求将持续提档升级，人口老龄化的持续加深也将使得康养旅游市场持续扩大。展望未来，康养旅游将在细分化和旅居化方面实现进一步发展。

细分化方面，各地应当基于自身禀赋打造特色化的康养旅游模式，以满足特定客户群体的需求。如东阿阿胶旅游示范基地围绕阿胶产业，打造了“中医药 + 体验 + 美食 + 研学 + 理疗”康养旅游体系，为老年群体提供中医特色餐饮、中药浴区等服务；浙江省衢州市开化县森林康养基地则充分利用自身的森林资源，为游客带来身心的放松和压力的缓解，绿色生态的山区环境和乡土韵味的居住空间受到喜爱自然的中老年游客追捧，有效提升了游客的旅游体验。

旅居也成为康养旅游的一大重要发展趋势，越来越多的老年人选择“冬南夏北”候鸟式养老方式。海南、广东等地凭借其独特的气候和自然条件，已成为众多北方老年人在寒冷季节的旅居目的地；同时，在夏季也有越来越多的南方老年人来到北方城市避暑，催生了康养旅居的广阔需求。旅居模式下，对老年人异地养老的生活服务和医疗保障提出了更高的要求，同时也需要加强异地医保等方面的机制建设，提升康养旅居对老年群体的更大吸引力。